50
coisas que você pode
fazer para conviver com a
MENOPAUSA

Wendy Green

50
coisas que você pode fazer para conviver com a
MENOPAUSA

Prefácio da dra. Janet Brockie,
enfermeira especialista em menopausa do
Hospital John Radcliffe, em Oxford, Inglaterra

Tradução
Gabriela Machado

LAROUSSE

Título original: *50 things you can do today to manage menopause*
Copyright © Wendy Green, 2009
Copyright © Editora Lafonte Ltda., 2011

O texto deste livro foi editado conforme as normas do novo acordo ortográfico da língua portuguesa, em vigor no Brasil desde 1º de janeiro de 2009.

Todos os direitos reservados.
Nenhuma parte deste livro pode ser reproduzida sob quaisquer meios existentes sem autorização por escrito dos editores.

Edição brasileira

Publisher *Janice Florido*
Editoras *Fernanda Cardoso, Elaine Barros*
Preparadora de texto *Silvia Moreira*
Revisor *José Batista de Carvalho*
Editora de arte *Ana Dobón*
Diagramação *Linea Editora Ltda.*

Dados Internacionais de Catalogação na Publicação (CIP)
(Câmara Brasileira do Livro, SP, Brasil)

Green, Wendy
 50 coisas que você pode fazer para conviver com a menopausa / Wendy Green ; prefácio Janet Brockie ; tradução Gabriela Machado. -- São Paulo : Editora Lafonte, 2011.

 Título original: 50 things yo can do today to manage menopause.
 ISBN 978-85-7635-855-8

 1. Menopausa - Obras de divulgação I. Brockie, Janet. II. Título.

11-01947   CDD-612.665

Índice para catálogo sistemático:

1. Menopausa : Mulheres : Fisiologia humana   612.665

1ª edição brasileira: 2011
Direitos de edição em língua portuguesa, para o Brasil,
adquiridos por Editora Lafonte Ltda.

Av. Profa. Ida Kolb, 551 – 3º andar – São Paulo - SP – CEP 02518-000
Tel.: 55 11 3855-2290 / Fax: 55 11 3855-2280
atendimento@larousse.com.br • www.larousse.com.br

Para meu marido, Gordon, por todo seu apoio

Agradecimentos

Gostaria de agradecer a Janet Brockie, enfermeira especialista em menopausa do Hospital John Radcliffe, em Oxford, Inglaterra, por seu aconselhamento técnico, principalmente com relação à reposição hormonal. E também pela percepção das questões que podem afetar as experiências das mulheres frente à menopausa.

Gostaria de agradecer também a Jennifer Barclay e a Lucy York, da Summersdale, pela compreensão e pelo apoio durante a escrita deste livro. Finalmente, gostaria de agradecer a Laura Booth, a editora *free-lance* que me ajudou a aprimorar a organização geral do livro.

Sumário

Observação da Autora... 13

Prefácio 15

Introdução 17

Capítulo 1 ▪ Supere os Sintomas da Menopausa.. 25
   1. Pense positivo 26
   2. Tire um tempo para as coisas que aprecia 32
   3. Combata a melancolia.. 34
   4. Busque ajuda nos outros 37
   5. Administre seus níveis de estresse........................ 39
   6. Medite 41
   7. Ria 42
   8. Viva o presente 42
   9. Restabeleça sua ligação com a natureza 43
  10. Mande o estresse passear 44
  11. Imponha-se... 44
  12. Use seu cérebro 45

Capítulo 2 ▪ Combata o Calor................................... 49
  13. Identifique os gatilhos que disparam sua onda
      de calor 51

14. Modere a ingestão de bebidas alcoólicas 52
15. Diminua o número dos cafezinhos 53
16. Seja parcimoniosa com os temperos 53
17. Controle seu peso 54
18. Alimente-se para combater os calores 54
19. Refresque-se 55
20. Tranquilize-se 56
21. Ponha-se em movimento 57
22. Pare de fumar 57
23. Vista-se de maneira adequada 58
24. Assuma o controle da temperatura 58
25. Durma profundamente 58
26. Não fique constrangida 59

Capítulo 3 ▪ Fazer ou Não Fazer a Reposição Hormonal? 61

27. Leve em consideração se deve ou não fazer a TRH (terapia de reposição hormonal) 61

Capítulo 4 ▪ Reposição Hormonal Natural 71

28. Equilibre seus hormônios com fitoestrogênios 72
29. Inclua alimentos que melhoram o humor em sua dieta 83
30. Estimule sua memória 85
31. Reduza os sintomas com vitamina E e com gorduras boas 88
32. Cuide da saúde de seus ossos 90
33. Alimente-se de maneira adequada para aliviar a cistite 98

34. Procure ajuda nas ervas 100
35. Tome suplementos e remédios fitoterápicos 110

Capítulo 5 ▪ Mais Dicas para uma Menopausa Mais Saudável 115
36. Caminhe em direção a uma saúde melhor 116
37. Tome conta de seus seios 118
38. Administre a enxaqueca 121
39. Dê um basta na cistite 124
40. Combata a incontinência urinária 124
41. Durma mais profundamente 125

Capítulo 6 ▪ Terapias Complementares do Tipo "Faça Você Mesma" 129
42. Aplique a acupressão 130
43. Use o poder dos aromas 132
44. Use o poder da flor 136
45. Obtenha a cura homeopática 137
46. Encontre alívio na reflexologia 140
47. Diga "sim" à ioga 142

Capítulo 7 ▪ Tenha uma Aparência Mais Jovem ... 145
48. Tome atitudes para ficar com uma pele de aparência mais jovem 146
49. Tenha cabelos divinos 159
50. Acabe com peso extra da meia-idade 163

Receitas 177

Glossário 185

Observação da Autora

Antes de entrar na menopausa, eu tinha uma visão bem negativa do que seria esse período, baseada naquilo que tinha lido em revistas, jornais, e ouvido de familiares, amigas e conhecidas. Com sensações de perda, rugas, mudanças de humor, fogachos e sono interrompido, o futuro não me parecia muito alentador.

Contudo, assim que soube que uma condição ginecológica que eu tinha iria melhorar depois do climatério, minha atitude mudou e comecei a pensar que poderia ser uma experiência positiva, afinal. Quando a menopausa chegou eu me apoiei, e ainda faço isso, em um estilo de vida saudável, os suplementos fitoterápicos e uma percepção positiva para me fazer atravessá-la, embora compreenda que isso pode não ser suficiente para toda mulher.

Descobri que a vida pós-menopausa é recompensadora e empolgante. Posso afirmar com toda sinceridade que me sinto mais em forma, mais saudável e mais feliz do que nunca! Dito isso, a pré-menopausa e a pós-menopausa podem ser comparadas a um passeio de montanha-russa, principalmente se você não souber bem o que esperar ou quais escolhas fazer para lidar com isso. Escrevi este livro para oferecer informações fáceis e acessíveis sobre a menopausa, a reposição hormonal, assim como tantas opções quantas possíveis de autoajuda, para dar condições às leitoras de optar por escolhas sensatas e encontrar soluções que lhes sejam adequadas.

Wendy Green

Prefácio

Por Janet Brockie, enfermeira especialista em menopausa do Hospital John Radcliffe, em Oxford, Inglaterra

Num mundo de desigualdades, a menopausa une todas as mulheres, independentemente de raça, religião, riqueza ou educação. No entanto, a experiência de cada uma frente à menopausa é individual, variada e imprevisível. Muitas chegam ao climatério com uma preferência pessoal de tratamento natural ou alopático que seja aceitável para elas. Porém, não podemos saber de antemão como nos sentiremos ou o que iremos experimentar.

As atitudes em relação à menopausa variam. No Ocidente, alguns autores dizem que a menopausa é um acontecimento natural, mesmo que tenha se tornado exageradamente tratado como assunto médico; por outro lado, os profissionais de saúde, como eu mesma, podem sentir que algumas abordagens alternativas populares não são fundamentadas em evidências científicas suficientes.

Contudo, ninguém tem o direito de ditar normas de ação para outrem. Cada mulher merece tomar decisões que lhes parecem corretas. Este livro, com seu estilo amigável e fácil, oferece um amplo leque de informações e valiosos conselhos práticos para abarcar todas as necessidades. Engloba a diversidade das experiências das mulheres e responde a essas diferenças.

Seja lá como se sintam ao chegarem à menopausa, as mulheres precisam ser encorajadas a extrair o máximo dessa etapa de sua existência, a assumir responsabilidades com relação à sua saúde e a prosseguir com mais confiança para enfrentar o próximo desafio da vida.

Introdução

O que é a menopausa?

O significado literal da palavra "menopausa" é "o último ciclo menstrual", apesar de a maioria das mulheres usar o termo para se referir tanto aos anos que antecedem quanto aos posteriores a ela. A fase que leva à menopausa, quando a produção dos hormônios femininos começa a diminuir, é, na verdade, a pré-menopausa. Essa fase pode durar de três a quinze anos, mas a média é de três e seis anos. O estágio depois da menopausa é a pós-menopausa. A faixa de idade em que a maioria das mulheres passa pela menopausa está entre os 45 e 55 anos. Em alguns casos raros ela pode chegar mais cedo, aos 30 anos, ou mais tarde, aos 58, mas a idade média na Inglaterra e nos Estados Unidos é de 51 anos, enquanto no Brasil é de 48 anos e meio. Geralmente, quando a menopausa ocorre antes dos 45 anos, é classificada como prematura, embora alguns médicos definam como precoce e a menopausa antes dos 40 anos como prematura. A idade que você passará pela menopausa pode ser herdada, portanto vale à pena descobrir quando sua mãe teve o último ciclo menstrual para prever quando será a sua vez. Acredita-se também que os fatores do estilo de vida representam um papel importante na idade em que você vai entrar no climatério. Um acontecimento traumático na vida pode ocasionar uma menopausa precoce, assim como fumar. Outras causas incluem tratamentos de câncer e histerectomia, com ou sem a remoção dos ovários.

Por que a menopausa acontece?

O corpo feminino tem um suprimento limitado de óvulos. A menopausa acontece quando os ovários param de produzir óvulos e, como resultado, deixam também de produzir os hormônios sexuais femininos, o estrogênio e a progesterona. Se bem que você só saberá que está na menopausa quando passar um ano sem menstruar. Só então poderá ter certeza de que não irá mais engravidar.

O que são hormônios?

Hormônios são, basicamente, os mensageiros químicos, liberados na corrente sanguínea para afetar um órgão em alguma parte do corpo. O hipotálamo, na base do cérebro, controla a menstruação liberando o hormônio gonadotrofina para a glândula pituitária. Durante os anos de reprodução, essa glândula responde produzindo dois hormônios, o hormônio folículo-estimulante (FSH, sigla do inglês) e o hormônio luteinizante (LH, do inglês). Isso determina a quantidade de estrogênio e progesterona que os ovários produzem. O FSH estimula a produção de óvulos e o LH estimula a ovulação. Ao se aproximar da menopausa, você ovulará menos, portanto os ciclos menstruais se tornarão errático-irregulares até que gradualmente parem por completo. Para compensar, seu corpo liberará mais FSH e LH, para tentar estimular a produção de óvulos.

Hormônios femininos

O estrogênio e a progesterona são os dois principais hormônios sexuais femininos. Existem três tipos de estrogênio: estradiol, estrona e estriol. O estradiol é o principal estrogênio produzido pelos ovários. Eles também produzem quantidades pequenas de estrona e continuam a fazê-lo depois da menopausa. Suas células de gordura também convertem a androstenediona, um hormônio masculino das glândulas adrenais e dos ovários, em estrona. O estriol é feito nas células de gordura e na placenta durante a gravidez. O estrogênio estimula o crescimento do revestimento do útero, enquanto a progesterona o torna mais nutritivo para o óvulo fertilizado.

O estrogênio é responsável por sua compleição e voz femininas e representa um papel na função de sua pele, coração, ossos e cérebro, podendo proteger contra a depressão. A manutenção da temperatura de seu corpo também é importante, pois muitas mulheres experimentam ondas de calor quando o nível de estrogênio cai. Para maiores informações sobre o estrogênio e ondas de calor, veja o Capítulo 2 — Combata o Calor.

A progesterona atua na queima de gordura para transformação em energia, por meio de uma das funções da tireoide. Acredita-se que, como o estrogênio, melhore o humor e induza à calma.

Quedas da progesterona durante a menopausa podem resultar em ansiedade, depressão, irritabilidade, baixa libido e ganho de peso. Como a gravidez não é mais possível após a menopausa, o corpo produz pouca progesterona. Alguns estimam em uma quantidade 120 menor do que a produzida durante o período por volta dos vinte anos da mulher.

Hormônios na pós-menopausa

Embora os níveis de estrogênio caiam drasticamente depois que os ovários param de produzir óvulos (em até 60%), esse hormônio não desaparece totalmente. O corpo encontra outros meios de produzi-lo. Antes da menopausa, o principal estrogênio é o estradiol. Depois, a estrona torna-se a principal forma de estrogênio.

Como as glândulas adrenais produzem androstenediona, que é convertida em estrona, é importante mantê-las funcionando bem durante essa época de sua vida, seguindo um estilo de vida saudável e administrando o estresse. A administração do estresse é vital porque as glândulas adrenais são também responsáveis pela produção dos hormônios que combatem o estresse. Se você estiver sob tensão extrema, suas glândulas adrenais podem não lidar tão bem com a produção de androstenediona. Suas células de gordura convertem a androstenediona em estrona, portanto é importante não ficar magra demais.

A menopausa é isso?

Muitas mulheres começam a perceber mudanças em seu ciclo menstrual sem se darem conta do significado dessa mudança. Um dos primeiros sinais da pré-menopausa é o ciclo menstrual tornar-se irregular devido à produção hormonal inconstante, conforme o declínio do número de óvulos liberados. A duração do ciclo pode diminuir ou, às vezes, você pode deixar de ter o ciclo inteiro.

Dentre outros sintomas das alterações no ciclo, podendo ser mais intensos ou mais leves, estão as mudanças de humor, concentração e memória baixas, fogachos, suores noturnos, ansiedade, depressão, irritabilidade, libido baixa, secura vaginal, urina frequente, cansaço devido a um sono perturbado e insônia, dores e incômodos, ganho de peso, principalmente no abdômen, dores de cabeça e enxaquecas. As mulheres sofrem dessas dificuldades em graus variados. Algumas passam por esse período com poucos ou nenhum problema.

> **Observação:**
>
> Sangramento intenso pode significar ocasionalmente algo mais sério, portanto, se você sofrer de ciclos intensos, muito irregulares ou dolorosos, é melhor consultar seu médico e fazer um *check-up*, descartando assim algo mais grave. Qualquer sangramento depois dos 58 anos de idade deve ser investigado.

Disfunções da tireoide também apresentam sintomas semelhantes aos da menopausa. Uma tireoide pouco ativa (hipotireoidismo) pode levar à intolerância ao calor, fadiga, letargia, ciclos menstruais intensos, irregulares ou prolongados, perda de cabelo, pele seca, insônia, ganho de peso e cistite. Sinais de tireoide hiperativa (hipertireoidismo) incluem perda de peso, intolerância ao calor, transpiração aumentada, ciclos menstruais irregulares e problemas de sono. Essas e outras formas de disfunções da tireoide também podem levar ao inchaço da glândula no pescoço. Se você tiver alguma dúvida sobre a causa de seus sintomas, consulte seu médico, que pode solicitar os testes apropriados.

Testes feitos em casa

Se você experimentar alguns desses sintomas e quiser ter certeza de que são devido à aproximação da menopausa, em vez de qualquer outra condição, existe um teste que mede o nível de FSH em seu sangue, que grosso modo diz em que estágio você está. Seu médico pode lhe fazer esse teste, ou você pode fazê-lo em casa. Contudo, tenha em mente que os níveis de FSH podem variar, portanto o teste não deve ser feito mais de uma vez para se obterem resultados mais confiáveis. Esse teste pode ser encontrado em qualquer farmácia, das marcas Bioeasy (Teste Menopausa), ou Alamar (Confirme Menopausa).

Depois da menopausa

Mesmo depois da menopausa, você pode continuar a sofrer de um ou de todos esses sintomas, exceto, é claro, do sangramento menstrual. Também é provável que perceba outras mudanças, tais como cabelo e pele mais finos. Isso se deve aos níveis mais baixos de estrogênio, que levam a uma redução do colágeno — uma proteína pegajosa que basicamente mantém as células juntas. Menos estrogênio também leva a menos cálcio e colágeno nos ossos, aumentando o risco de osteoporose. Além disso, o estrogênio reduz os níveis de colesterol e de lipídeos, portanto, depois da menopausa, esse benefício é perdido, aumentando muito o risco de ataques cardíacos e derrames.

Embora alguns desses sintomas sejam relativos ao declínio hormonal, outros podem simplesmente ser em decorrência do processo de envelhecimento, já que homens de idade semelhante também relatam problemas psicológicos, ganho de peso, pele e cabelo envelhecidos. Um estilo de vida saudável, que inclua uma alimentação adequada, exercícios físicos, uma atitude positiva em relação à vida e a administração do estresse, é capaz de reduzir os sintomas e ajudar a prevenir o aparecimento de condições mais graves, associadas à menopausa e além, tais como doenças cardiovasculares, câncer de mama e osteoporose. Este guia oferece informações, dicas e técnicas para possibilitar que você alcance essa meta.

CAPÍTULO 1

Supere os Sintomas da Menopausa

Sua atitude em relação à menopausa tem uma enorme influência em como você a encara, tanto física como emocionalmente. Isso é evidente quando se observa como as mulheres enfrentam essa fase em diferentes culturas. Por exemplo, na China a menopausa é vista como uma parte natural do envelhecimento, com as mulheres relatando poucas ondas de calor. Setenta por cento das malaias afirmam não sofrer de ondas de calor e muitas encaram a menopausa como uma bênção. As indianas geralmente encaram esse período como algo natural da idade, de modo que não procuram ajuda. As mulheres da etnia Kung, da África do Sul, anseiam por essa fase da vida porque desfrutam de um status mais alto depois e nada têm a dizer sobre os calores! As diferentes experiências dessas mulheres em relação à menopausa também podem ser motivadas pelos diferentes estilos de vida, principalmente em termos de alimentação. Por exemplo, as japonesas consumem muitos produtos derivados da soja, o que pode explicar por que relatam poucos sintomas da menopausa.

Em alguns países de cultura ocidental, a menopausa vem sendo medicada e transformada em uma enfermidade, em uma deficiência, em vez de um processo natural pelo qual todas as mulheres devem passar. Isso não quer dizer que os sintomas do climatério sejam imaginários — a maioria das mulheres sofre pelo menos de alguns dos sintomas reconhecidos em graus variáveis. Por outro lado, enxergá-la como uma doença que exige tratamento também não é bom. Na cultura ocidental a menopausa tem sido encarada tradicionalmente como um tempo de perda — perda dos hormônios e da fertilidade e, com frequência, perda dos filhos, que cresceram e deixaram o lar. Porém, já no princípio dos anos 90, Germaine Greer apresentou um ponto de vista mais positivo ao sugerir que as mulheres na pós-menopausa pudiam se tornar as mesmas pessoas que eram antes de sua vida ser transformada pelo impulso biológico de ter filhos. Hoje em dia há uma crescente mudança de perspectiva. Como observa com propriedade uma mulher que recentemente estabeleceu um negócio bem-sucedido em plenos 50 anos de idade. "Você alcança a liberdade de seus anos de adolescente, mas sem os holofotes e o nervosismo... você adquire a confiança para fazer as coisas acontecerem."

1. PENSE POSITIVO

Embora a menopausa possa causar alguns sintomas desagradáveis, não é uma doença, mas um processo natural pelo qual todas as mulheres passam. Concentre-se nos aspectos positivos das mudanças físicas, tais como ficar livre dos ciclos menstruais e da necessidade de contraceptivos, e lembre-se de que todos os sintomas são temporários.

A cantora Lulu comentou recentemente que tentou a terapia de reposição hormonal (TRH) (veja capítulo 3 — Fazer ou Não a Reposição Hormonal?) por uns dois meses e então resolveu optar pela "medicina alternativa". E acrescentou: "Tenho ondas de calor, é claro, e fico emotiva, mas é uma reação doce quando as coisas realmente me comovem. É acalentador perceber como o coração se abre". Talvez ela tenha a sorte de não ter sintomas mais sérios, mas pode ser que sua atitude positiva diante da vida e dos sintomas seja útil também.

Mudança cerebral

De acordo com a psiquiatra americana dra. Louann Brizendine, os níveis mais baixos de estrogênio e progesterona afetam a maneira de as mulheres pensarem antes, durante e depois da menopausa. Os níveis irregulares de hormônio na pré-menopausa levam a uma variação de humor, libido e nos padrões de sono, assim como a ondas de calor, ansiedade e irritabilidade.

A menopausa é caracterizada pelos baixos níveis de estrogênio e pouca progesterona. Mulheres nessa fase, de acordo com a dra. Brizendine, concentram-se em sua saúde e em novos desafios. Na fase da pós-menopausa os níveis hormonais são baixos, porém constantes de estrogênio e testosterona, e baixa ocitocina — o "hormônio protetor" — que as deixa mais calmas, menos emotivas e menos interessadas em se importar com os outros. Como resultado, nesse estágio as mulheres podem começar a se concentrar mais em si mesmas e desenvolver novas ideias e ambições.

Mudança social

As teorias da dra. Brizendine ajudam a explicar essa nova atitude perante a vida entre as mulheres "de certa idade", mas outros fatores estão envolvidos. Para começar, os *baby boomers* do sexo feminino — aqueles nascidos nos anos do pós-guerra, entre 1946 e 1964 —, assim como sua contrapartida masculina, identificam-se mais com os filhos do que seus pais ou avós se identificaram com eles. São mais saudáveis e mais ricos que as gerações anteriores, de modo que podem ter a expectativa de uma velhice mais ativa. Também são mais rebeldes e contrários aos preceitos estabelecidos por seus antecedentes e têm a reputação de se recusar a envelhecer! O feminismo e as tendências a oportunidades iguais entre os dois gêneros também aumentaram muito as oportunidades para as mulheres. Não é de admirar que muitas delas, na pós-menopausa, não mais se contentem em ficar sentadas em casa e envelhecer. Conforme aumenta a expectativa de vida das mulheres, aumenta também a quantidade de décadas depois da menopausa. Depois de passar anos em casa cuidando dos filhos, muitas decidem que é hora de fazer a diferença no mundo e ressuscitam suas carreiras. Como resultado, diferentemente das gerações anteriores, as mulheres na pós-menopausa são financeiramente independentes. As estatísticas mostram que, cada vez mais, maridos são abandonados por terem uma visão diferente de vida.

Modelos de pessoas proativas

Um número crescente de celebridades acima dos 50 também se recusa a fenecer silenciosamente nas coxias. A "Rainha do Pop" Madonna parece bem mais jovem depois dos 50 — graças a uma dieta rígida e a exercícios físicos. Atualmente é a cantora de mais alto ganho financeiro do mundo e sua carreira continua a se desenvolver a todo vapor. A cantora escocesa Lulu, que tem mais de 60 anos, falou recentemente da esperança de não "envelhecer de forma vergonhosa" e não dá sinais de diminuir o ritmo de vida, lançando uma linha de produtos para a pele. A apresentadora Anne Robinson, do *Weakest Link*, que está na casa dos 60 anos, divorciou-se recentemente e trabalha longas horas para assegurar que sua carreira, extremamente bem-sucedida na tevê, continue, enquanto ainda encontra tempo para se exercitar com um *personal trainer*. Entre outras celebridades que podem fazer o papel de modelo estão Helen Mirren, Joanna Lumley, Jane Seymour e Twiggy, entre muitas outras.

Construa uma autoimagem positiva

Para atingir seus objetivos, você precisa acreditar que é capaz de alcançá-los. Se por acaso passou as últimas duas décadas cuidando dos filhos e colocando as necessidades de seus familiares acima das suas, pode achar um pouco assustadora a ideia de se concentrar em suas próprias necessidades e de tentar novas coisas, principalmente se sua autoconfiança for baixa.

Como está sua autoimagem? Você se vê como um ser humano capaz, inteligente e talentoso ou lhe falta confiança para alcançar o que deseja da vida? Sua autoimagem é baseada em um solilóquio — a conversa interior constante que você tem consigo mesma. Suas reflexões íntimas fundamentam-se nas crenças e opiniões formadas a partir do resultado de experiências positivas e negativas e do *feedback* dos outros.

Reflexões positivas levam a uma autoimagem positiva, que resulta em autoestima elevada. Esta por sua vez lhe confere confiança para sair em busca de seus objetivos. Se sua conversa interior for negativa e você viver repetindo "não posso", "não sou boa nisso", "nunca serei capaz de...", suas ações irão refletir a autoimagem negativa que seus pensamentos criaram. Se sua conversa interior for positiva, como "eu posso" ou "sou boa nisso", você agirá de acordo. Como diz Fiona Harrold em seu livro *Seja o Treinador de Sua Vida* (Ed. Best Seller, 2002): "Se acreditar que pode fazer qualquer coisa que quiser, você fará".

Autoestima instantânea

Faça uma relação das coisas que você faz bem, por exemplo, "sou uma boa mãe", "sou uma cozinheira fantástica", "sou brilhante em meu trabalho". A lista pode incluir as qualificações que você adquiriu ou os aspectos positivos de sua personalidade, como ser atenciosa ou uma boa ouvinte. Em nossa cultura, essas afirmações muitas vezes podem ser encaradas como "contar vantagem", de modo que você pode se sentir constrangida, mas se lembrar de suas realizações e seus pontos fortes é um modo certeiro de elevar sua autoestima. Sempre que surgir a dúvida em relação a si mesma, olhe para sua lista ou faça uma nova!

Afirme e alcance

> *"Quando se repetem as afirmações várias e várias vezes, não apenas ocorrem mesmo mudanças sutis dentro de você, alterando a maneira como age e sente, mas o mundo reage à sua presença de uma maneira mais positiva."*
>
> SUSAN JEFFERS, PhD.,
Tenha Medo... E Siga em Frente, e O Livro da Confiança.
(Editora Cultrix, 1998)

Uma afirmativa é uma frase que declara seu objetivo como se você já o tivesse atingido. Repetir essa frase várias vezes, até que seu subconsciente acredite que seja verdade, possibilita que você alcance seus sonhos, alterando sua conversa interior.

Sua afirmação precisa ser pessoal, portanto inicie com o pronome "Eu". Deve ser positiva, de modo que descreva o que você *quer* alcançar em vez daquilo que não quer. Use palavras que passem a sugestão de obtenção, tais como "eu sou", "eu tenho" ou "eu faço". Como se sentirá quanto alcançar seu objetivo? Feliz? Calma? Empolgada? Emocionada? Deslumbrada? Associar emoções positivas ao seu objetivo fará com que ele pareça mais real e alcançável. Os resultados serão visíveis mais depressa. Escrever sua afirmação como se estivesse acontecendo no momento presente irá torná-la mais efetiva. Seja bem específica: Como e quando vou alcançá-la?

Finalmente, torne-a realista: Pode se enxergar alcançando a meta? Por exemplo, se seu objetivo for "exercitar-se regularmente", um bom mantra que incorpore todos esses pontos seria: "Gosto de caminhar num ritmo forte por meia hora todos os dias, entre as 6 e às 6 e meia da tarde — Sinto-me cheia de saúde e energia". Se sua meta é perder peso, seu mantra poderia ser: "É dia de Natal — Estou com 60 quilos por que me alimento de forma saudável e adoro comprar roupas de tamanho P".

Leia, veja, sinta e ouça seu objetivo

Para fixar sua afirmação em seu subconsciente, leia-a primeiro. Depois feche os olhos e visualize o cenário que suas palavras retratam. Imagine-se experimentando sua meta em detalhes. Sinta as emoções vinculadas ao seu objetivo. Ouça com atenção as palavras que sua família e seus amigos usarão para elogiá-la quando você cumprir sua meta. Ler, retratar, sentir e ouvir seu mantra tem um efeito forte sobre o subconsciente.

Seu subconsciente não sabe dizer a diferença entre o que acontece de fato e o que é imaginário. Se você se concentrar regularmente em um mantra, vai se perceber agindo de forma a fundamentar sua nova autoimagem. Portanto, se afirmar que se exercita regularmente, você fará mais exercícios. Se afirmar que perdeu peso, adotará os hábitos alimentares e de exercícios de uma pessoa magra.

2. TIRE UM TEMPO PARA AS COISAS QUE APRECIA

"Nunca é tarde demais para ser o que você poderia ter sido."

GEORGE ELIOT, romancista

Viver a vida em sua plenitude não é apenas privilégio de poucos. Você pode fazer isso também. Evite sofrer com a "síndrome do ninho vazio" se tiver filhos e eles saírem de casa, favorecendo a sua liberdade recém-descoberta. Faça o máximo com as mudanças físicas e psicológicas positivas que a menopausa lhe trouxe. Concentre-se em sua carreira. Cultive novos passatempos e interesses. Enxergue esse estágio da vida como um tempo de crescimento pessoal. Faça as coisas para as quais não tinha tempo enquanto criava sua família.

> ### Encontre *seu* pique pós-menopausa
>
> A atriz Julie Walters, dona de uma carreira bem-sucedida, disse recentemente: "A vida depois da menopausa é boa", acrescentando que, assim que as ondas de calor pararam e as coisas se acomodaram de novo, ela descobriu que tinha mais energia e se sentia emocionalmente pronta para enfrentar o resto de sua vida. A antropóloga Margaret Meade chamou a sensação de rejuvenescimento que muitas mulheres experimentam nessa época de "pique pós-menopausa". Procure encontrar o seu.

Atreva-se a sonhar

Decidir o que você quer fazer de sua vida e estabelecer objetivos ajuda a tornar seus sonhos uma realidade. Seja viajando pelo mundo, aprendendo a dançar salsa ou montando seu próprio negócio, primeiro você precisa identificar o que quer alcançar.

Pense naquilo que gosta de fazer ou gostaria de tentar. Quais eram seus pontos fortes na escola? Há algo que adora fazer, que faria independentemente de retorno financeiro? Seja franca consigo mesma e irá redescobrir aquilo que realmente deseja. Imagine levar uma vida que você adora, em vez de uma com o fardo do dever. Que trabalho você faria? Quais seriam seus interesses? Que tipo de amigos escolheria? As respostas para essas questões podem ajudá-la a identificar seus objetivos. Em seu livro *Making the Big Leap (Dando o Grande Salto*, ainda não publicado no Brasil), a treinadora de vida Suzy Greaves comenta: "Para viver um tipo diferente de vida, você tem de vivenciar suas próprias regras e redescobrir o que deseja para si mesmo."

Não se sinta culpada por despender tempo fazendo as coisas que ama. Se você passou a vida colocando as necessidades dos outros acima das suas, vai encontrar certas dificuldades. Mas lembre-se: quanto mais feliz e mais realizada você estiver, mais agradável será sua companhia.

3. COMBATA A MELANCOLIA

A depressão é um dos sintomas vinculados à menopausa, principalmente se você encará-la de forma negativa. Adotar uma atitude mais positiva pode ajudar a vencer a depressão.

Os níveis variáveis de hormônio podem influenciar o seu humor. Suportar os sintomas da menopausa, tais como as ondas de calor e a insônia, também pode contribuir. Portanto, é importante lidar com isso primeiro.

Geralmente a depressão está vinculada à raiva reprimida a respeito de algo que aconteceu em sua vida. Muitas vezes é de grande valia simplesmente se sentar e escrever sobre quem lhe causa raiva ou o que a deixa brava. Reconhecer e expressar sua raiva pavimenta o caminho para que você o trilhe com maior facilidade, evitando lidar com situações semelhantes no futuro. Por exemplo, talvez seja necessário praticar suas assertivas. Essa habilidade será tratada mais adiante neste capítulo.

Às vezes a depressão brota da infelicidade geral com uma situação em sua vida. Pode ser em relação ao seu trabalho, um relacionamento ou qualquer outro aspecto de sua vida. Identifique o que a deixa infeliz e comece a levar em consideração mudanças para melhorar as coisas. Por exemplo, quem sabe reduzir as horas de seu trabalho ou tentar uma nova carreira? Poderia dar uma vida nova ao seu relacionamento ou é hora de respirar outros ares? Se estiver insegura, consulte um terapeuta que poderá ajudá-la a decidir.

Trate-se com mais gentileza

Para combater a melancolia de curta duração, seja mais gentil consigo mesma. Permita-se chorar e falar a respeito de seus sentimentos com alguém de sua confiança. Faça alguma coisa que lhe dê prazer, mesmo que seja apenas tomar um banho perfumado, ler um romance de seu autor predileto ou escutar sua música favorita, qualquer coisa que remeta a uma vida mais prazerosa irá ajudar. Tente seguir um estilo de vida saudável. Em particular, exponha-se à luz do dia o máximo possível. Isso irá ajudá-la a evitar o sofrimento do distúrbio afetivo sazonal, causado pela falta de luz do sol. Isto acontece muito nos dias escuros e sombrios de inverno.

É importante lembrar que ninguém é feliz o tempo todo. A infelicidade é uma parte inevitável da vida. De acordo com especialistas, torna-se doença apenas quando dura mais de uma semana ou duas, afetando gravemente sua capacidade de levar uma vida normal. Só então considere consultar seu médico. Suplementos, tais como o óleo de fígado de bacalhau, erva-de-são-joão, também conhecido como hipérico e 5HTP, têm mostrado ser efetivos no tratamento de depressão leve a moderada (veja o Capítulo 4 — Reposição Hormonal Natural, para detalhes, além de informações sobre alimentos para levantar o ânimo).

Promotor da felicidade

Os psicólogos argumentam que a felicidade não depende de riqueza ou sucesso material. Por exemplo, a Inglaterra está entre as nações mais ricas do mundo e nem por isso os ingleses são os mais felizes. Em pesquisas, poucas pessoas descrevem-se como sendo mais felizes do que nas décadas anteriores. Tudo indica que, se passarmos a apreciar o que já alcançamos, em vez de nos angustiar por aquilo que ainda não temos, nos sentiremos instantaneamente mais felizes. Portanto, todos os dias, tente lembrar-se de pelo menos cinco coisas pelas quais deveria ser grata. A maioria de nós tem muito que agradecer, mas raramente reconhecemos o fato. Família e amigos, boa saúde, comida suficiente, uma bela casa... A lista é interminável!

> **Projeto felicidade**
>
> O projeto foi idealizado em 1996 pelo dr. Robert Holden, um especialista em psicologia positiva, e é baseado na ideia de que a felicidade está ao alcance de todos. Oferece um curso de treinamento de felicidade de cinco dias no decorrer de oito semanas. O curso foi testado pela rede de televisão BBC de Londres nas ruas e veiculado no programa de tevê americano da apresentadora Oprah Winfrey, alcançando índices de audiência nunca vistos. Holden acredita que as chaves para a felicidade incluem a autoaceitação, a autoimagem e a capacidade para enfrentar e compreender a tristeza. Saiba mais a respeito do método por meio de seu livro *Ser Feliz — Liberte o Poder da Felicidade em Você* (Ed. Prumo, 2009).

4. BUSQUE AJUDA NOS OUTROS

Algumas mulheres ainda têm responsabilidades quando entram na menopausa. Muitas delas ainda ajudam os filhos adultos financeiramente, além de arcar com o trabalho extra de cuidar dos netos e de pais e sogros idosos, provavelmente com problemas de saúde. Se você sentir que as exigências familiares estão causando impacto em sua saúde mental, pense em maneiras de delegar tarefas. Será que outra pessoa da família não poderia assumir mais uma responsabilidade? Se você se sentir constrangida em pedir ajuda aos outros, experimente usar as técnicas de assertividade mencionadas mais para o final deste capítulo.

Se os outros são incapazes ou não se mostram dispostos a ajudar, ou se não houver ninguém mais a quem recorrer, existem organizações que podem dar apoio e aconselhamento com relação aos problemas associados ao cuidado de pais idosos. No site http://www.cuidadoresnaweb.com.br/ você obterá conselhos online para quem cuida de portadores de Alzheimer. Já no site http://www.cuidardeidosos.com.br/grupos-de-ajuda-mutua/ e http://www.cuidardeidosos.com.br/sites-que-indicamos-sobre-cuidar-de-idosos/, você terá informações adicionais de como entrar em contato com grupos de ajuda e de como conseguir mais esclarecimentos sobre seu caso específico.

Redes sociais

Encontre tempo para se reunir com a família e os amigos regularmente. Existem evidências de que aqueles que têm uma boa rede social desfrutam de melhor saúde mental que os que não têm, possivelmente porque é mais provável que tenham pessoas em quem confiam quando enfrentam problemas. Isso é muito importante se você vive sozinha.

Se você não tem alguém com quem se abrir, seu médico pode lhe indicar um terapeuta qualificado. Os Samaritanos estão disponíveis a qualquer hora do dia ou da noite para ouvir seus problemas e, se necessário, encaminhá-la a agências apropriadas. O Posto dos Samaritanos — Jardim Paulista, em São Paulo, Capital, atende pelo telefone (11) 3288-4111. Não existe nenhuma taxa ou contribuição a ser paga. Se você enlutou recentemente, existem serviços especializados com estrutura de apoio, informações e aconselhamento para ajudá-la a lidar com a perda. Um exemplo disso você encontra no site http://www.primaveras.com.br/apoio-familia/rede-apoio-diretas.php.

5. ADMINISTRE SEUS NÍVEIS DE ESTRESSE

O estresse e a ansiedade durante e depois da menopausa podem aumentar os fogachos, a insônia, a depressão e outros sintomas. Isso se deve ao fato de que a capacidade das glândulas adrenais de produzir androstenediona esteja comprometida.

Administrar seus níveis de estresse irá ajudá-la a controlar os sintomas da menopausa e a reduzir o risco de sofrer com qualquer das condições ameaçadoras associadas à pós-menopausa.

O que é o estresse?

Estresse é o modo com que a mente e o corpo reagem a situações e pressões que nos fazem sentir inadequados ou incapazes de lidar com elas. Uma pessoa pode enfrentar bem uma situação que outra considera estressante. Isso depende da percepção individual e da habilidade de lidar com tais conflitos.

O cérebro reage ao estresse pressionando o corpo a se posicionar e enfrentar a ameaça percebida ou a fugir (reação de lutar ou fugir, conhecida também por reação ao estresse agudo), liberando hormônios, inclusive a adrenalina, a noradrenalina e o cortisol, na corrente sanguínea. Isso ocasiona o aumento dos batimentos cardíacos e a respiração, o que podem induzir o suor. Os níveis de glicose e de ácido graxo no sangue se elevam para nos dar energia para lidar com a ameaça.

O estresse e sua saúde

As pesquisas mostram que, com o decorrer do tempo, os efeitos químicos do estresse podem aumentar o risco de pressão alta, doença cardíaca das artérias coronárias (DAC), derrame, câncer, obesidade, diabete, depressão e até mesmo problemas de perda de memória e de fertilidade. Além disso, se o estressor não for removido ou administrado, os níveis de cortisol permanecem altos. O corpo se adapta a esse estado constante de emergência ansiando por alimentos energéticos, doces e gordurosos, propiciando um estoque de gordura em torno da cintura que agirá como fonte de energia facilmente conversível. Essa é a região mais arriscada para armazenar gordura porque aumenta o risco de DAC, derrame e diabete, principalmente depois da menopausa, quando uma redução no estrogênio aumenta o risco de DAC. No Capítulo 7 — Tenha uma Aparência Mais Jovem há alguns conselhos para evitar a "aparência da meia-idade".

A ansiedade faz parte da reação "lutar ou fugir" do estresse. Embora seja uma reação normal diante de situações estressantes, torna-se um problema quando passa a ser um estado mental constante, o que pode levar a uma incapacidade para relaxar, a ataques de pânico e problemas para respirar.

> **Identifique e evite as causas do estresse**
>
> Durante uma ou duas semanas, anote situações, ocasiões, lugares e pessoas que a deixam estressada. Assim que reconhecer seus estressores, identifique maneiras de evitá-los ou pelo menos minimizá-los. "Não" é uma palavrinha que pode reduzir drasticamente seus níveis de estresse. Diga "não" às coisas para as quais você não tem tempo ou não quer fazer.

6. MEDITE

Pratique a meditação. É uma técnica simples que, se praticada regularmente, reduz os níveis do hormônio liberado pelo estresse, alivia a ansiedade, combate o cansaço e estimula a energia, além de clarear o raciocínio. Eis um exercício simples de meditação: sente-se confortavelmente e feche os olhos. Inspire pelo nariz profunda e lentamente, dilatando o estômago. Expire devagar e profundamente pela boca, encolhendo o estômago. Escolha uma palavra que lhe passe a ideia de tranquilidade, por exemplo, "calma", "paz", "harmonia" ou "relaxamento". Repita a palavra várias vezes seguidas em sua mente ao visualizar um lugar ou um objeto que promova serenidade, por exemplo, um rio correndo suavemente ou uma vela queimando. Use seus outros sentidos. Imagine o som da água marulhando, sinta o calor da vela. Toda vez que sua mente divagar, reconheça o fato e depois se concentre de novo na imagem e na palavra escolhidas. Para saber mais sobre técnicas de meditação, visite o site http://www.mtbrasil.com/principal.asp.

7. RIA

De fato, rir é o melhor remédio. Uma boa risada, daquelas de sacudir o corpo, pode reduzir o hormônio do estresse, o cortisol, e aumentar os níveis de serotonina, um estimulante do humor. Uma pesquisa recente sugere que as mulheres colhem mais benefícios com isso do que os homens. Mulheres que enxergam o lado engraçado da vida possuem menor risco de sofrer dos problemas de saúde associados ao cortisol, como por exemplo, pressão alta, obesidade, doenças cardíacas e até mesmo câncer. Rir também relaxa os músculos na parte superior do corpo e melhora o suprimento de sangue a órgãos como o fígado, baço, pâncreas, rins e glândulas adrenais. Portanto, encontre tempo para assistir às suas comédias prediletas e conviva com gente que a faz rir.

8. VIVA O PRESENTE

Concentrar-se no presente em vez de se preocupar com o passado ou o futuro tem raízes no budismo. A filosofia baseia-se no fato de que não podemos mudar o passado ou prever o futuro, mas podemos afetar o que está acontecendo neste exato momento. Ao viver plenamente o aqui e agora, você pode realizar o melhor de sua capacidade, enquanto que se preocupar com o passado e o futuro pode prejudicá-la na sua vida cotidiana e aumentar desnecessariamente seus níveis de estresse. Escrever um diário pode ajudá-la a se concentrar mais no presente.

9. RESTABELEÇA SUA LIGAÇÃO COM A NATUREZA

Atividades tais como observar o mar, dar um passeio no parque ou no campo ou até mesmo se sentar no jardim reduz a frequência cardíaca, a pressão sanguínea e a tensão muscular. Os especialistas acreditam que os níveis mais altos de íons negativos perto de áreas com água corrente, árvores e montanhas podem ser os responsáveis em parte. Outros afirmam que é devido à "biofilia" — a teoria de que o homem tem uma afinidade natural com a natureza. Estudos na Holanda e no Japão mostram que pessoas que vivem dentro ou perto de áreas verdes desfrutam de uma vida mais longa e de saúde melhor do que aquelas que vivem em ambientes urbanos.

> **Abrace**
> Abraçar com regularidade tem mostrado reduzir os hormônios do estresse na corrente sanguínea e baixar a pressão do sangue.

10. MANDE O ESTRESSE PASSEAR

Dar um passeio pode ajudá-la a combater o estresse e espantar a depressão e a ansiedade. Um estudo feito há oito anos nos Estados Unidos descobriu que mulheres na menopausa que caminhavam cinco vezes por semana por pelo menos 40 minutos sofriam menos de estresse, ansiedade e depressão que mulheres inativas. Acredita-se que caminhar encoraja o cérebro a liberar "hormônios do bem-estar", ou endorfinas. Para mais informações sobre como caminhar regularmente pode ajudar a prevenir muitos sintomas do climatério, veja o Capítulo 5 — Mais Dicas para uma Menopausa Mais Saudável.

11. IMPONHA-SE

Se, com frequência, você se descobre cedendo aos outros e não expressando seus sentimentos para evitar magoá-los ou aborrecê-los, ou para conseguir a aprovação deles, ou se permite ser regularmente induzida a fazer coisas que não quer fazer, talvez precise se tornar mais assertiva. Ser assertiva significa que você pode dizer o que deseja, sente e precisa calma e confiantemente, sem ser agressiva ou magoar os outros. Experimente as seguintes técnicas para estimular sua habilidade de se autoafirmar, de modo a assumir o controle de sua vida e fazer as coisas porque *quer*, em vez de simplesmente para *agradar* outras pessoas.

- ❒ Demonstre ser dona de seus pensamentos, sentimentos e comportamento usando "eu" em vez de "nós", "você(s)", "isso". Portanto, em vez de dizer "você me deixa brava", afirme "fico brava quando você..."

- Quando tomar a decisão de não fazer uma coisa, diga "não farei" em vez de "não posso" para mostrar que você fez uma escolha firme.
- Use "escolho fazer" em vez de "tenho de", e "poderia" em vez de "deveria" para demonstrar que você sempre dispõe de escolhas.
- Quando sentir que suas necessidades não estão sendo ouvidas, declare o que quer calmamente, repetindo até que as outras pessoas demonstrem que levaram em consideração aquilo que você disse.
- Ao fazer um pedido, coloque exatamente o que deseja de uma forma calma, clara e direta. Você poderia começar com "Eu gostaria de...", "Eu quero...", ou "Eu agradeceria..."
- Ao recusar um pedido, fale com firmeza, mas calmamente, dando os motivos para tanto, sem se desculpar. Repita, se necessário.
- Quando discordar de alguém, diga isso usando o pronome "eu". Explique por que discorda e aceite o direito da outra pessoa de ter um ponto de vista diferente.

12. USE SEU CÉREBRO

Uma pesquisa feita com 500 mulheres na menopausa, em 2003, revelou que sete entre dez reclamavam de baixa concentração e memória. As causas prováveis são baixo nível de estrogênio, sono insuficiente e mau humor.

Contudo, de acordo com muitos psicólogos, não é inevitável que a função do cérebro decline conforme envelhecemos. É algo relativo a como usá-lo com frequência para não perder suas funções. Quanto mais você usar seu cérebro, mais bem ele funcionará. O fluxo sanguíneo é aumentado e os neurônios, células do cérebro que passam mensagens, fazem conexões melhores com outros neurônios. A falta de uso leva a um desempenho mais fraco das diferentes áreas do cérebro, inclusive aquela associada à memória.

Ginástica do cérebro

Combata os problemas de memória e de concentração associados à menopausa exercitando sua mente diariamente. Resolver charadas tais como palavras cruzadas e Sudoku (quebra-cabeça japonês com números), jogar o jogo da memória ou aprender algo novo (por exemplo, um idioma estrangeiro) estimulam e desafiam a mente, estimulando a concentração e ajudando a melhorar a memória. Manter um diário também estimula sua memória, conforme você repensa os acontecimentos do dia. A leitura usa ambos os lados do cérebro. Para aprimorar seus poderes de rememoração, procure algumas palavras das quais não conhece o significado e, depois, resolva como usá-las. Decorar um poema toda semana ajuda melhorar tanto a memória de curto como a de longo prazo. Tocar um instrumento musical também pode aprimorar a função mental.

A atividade física também melhora a função cerebral. Pesquisas recentes apontam que, entre pessoas de idade, o exercício regular estimula o fluxo sanguíneo para o cérebro, favorecendo o crescimento celular e protegendo contra a demência. Ser ativo também reduz o risco de pressão alta, que está vinculada ao fluxo reduzido de sangue para o cérebro e ao declínio das capacidades mentais. Para mais ideias de como aumentar sua atividade física, veja o tópico 21 — Ponha-se em movimento, no Capítulo 2 — Combata o Calor.

CAPÍTULO 2

Combata o Calor

As ondas de calor, também conhecidas como fogachos, são um sintoma comum da menopausa. Na Inglaterra, oito entre dez mulheres nessa fase relatam sofrer de ondas de calor por pelo menos um ano. Algumas mulheres experimentam esses calores durante a pré-menopausa, outras não as sentem nem depois da menopausa. Em torno de uma entre três são afetados durante cinco anos, com uma entre dez sentindo calores por até dez anos. Em virtude da oscilação dos níveis hormonais, que podem subir ou descer, as ondas de calor surgem e somem.

Este capítulo destaca dicas práticas que podem ajudá-la a lidar ou reduzir os incômodos calores. No Capítulo 4 — Reposição Hormonal Natural, você encontrará conselhos nutricionais que podem ajudar a reduzir os fogachos.

O que é uma onda de calor?

Uma onda de calor ocorre quando há uma dilatação (alargamento) repentina dos vasos sanguíneos, liberando o calor. Talvez o termo usado nos Estados Unidos, *hot flash* — que podemos traduzir literalmente por "lampejo de calor"—, sugerindo algo que aconteça rapidamente, seja mais adequado. Acredita-se que os fogachos estejam vinculados à queda dos níveis de estrogênio, provocando um desequilíbrio hormonal no hipotálamo. O hipotálamo é a parte do cérebro que controla, entre outras coisas, a temperatura do corpo. O mecanismo exato é desconhecido, mas acredita-se que essas oscilações podem levar o termostato interno do corpo a um estado de fluxo e refluxo. Uma pesquisa recente sugere que a serotonina, substância química do cérebro, e seus receptores estejam implicados nesse processo, de alguma forma. Os calores que ocorrem durante a noite são normalmente informados como suores noturnos e muitas vezes como perturbações do sono.

Como é um fogacho?

Um fogacho provoca uma sensação repentina e desconfortável de calor extremo que se irradia para cima a partir do peito e de volta para o pescoço e as faces. Pode provocar transpiração abundante e vermelhidão e algumas mulheres também sentem palpitações, tonturas, fraqueza e ansiedade. Conforme a sensação de calor desaparece, muitas mulheres sentem frio e a pele pegajosa, porque o mecanismo do suor reduz a temperatura do corpo. Um fogacho pode durar de apenas uns poucos segundos a dez minutos, mas a duração média é de quatro minutos.

13. IDENTIFIQUE OS GATILHOS QUE DISPARAM SUA ONDA DE CALOR

Qualquer coisa que faça a temperatura do corpo subir pode agir como um gatilho das ondas de calor, por exemplo, um aposento superaquecido ou comida e bebida quentes. O estresse também aumenta os fogachos. Como apontado no Capítulo 1, isso pode ser devido ao fato de o estresse interferir na produção de androstenediona, um precursor da estrona, pelas glândulas adrenais.

Se você sofre de calores frequentes, talvez seja útil registrar quando e onde elas ocorrem e suas emoções um pouco antes, assim como quaisquer alimentos ou bebidas que tenha ingerido. Com isso fica mais fácil identificar seus gatilhos e planejar um jeito de evitá-los ou, pelo menos, minimizá-los.

Por exemplo, eles tendem a ocorrer pela manhã, durante o dia ou à noite? Aparecem quando você está estressada, cansada ou aborrecida? Você experimenta uma onda de calor depois de ter bebido chá ou café? Elas acontecem principalmente quando você saiu de um ambiente frio para entrar num mais quente?

Diário dos gatilhos das ondas de calor

Dia/hora				
Lugar				
Emoções antes da onda				
Ambiente — quente/frio				
Alimentos/ bebidas consumidas antes da onda				

14. MODERE A INGESTÃO DE BEBIDAS ALCOÓLICAS

Um estudo feito em 2004 concluiu que beber com moderação — até cinco drinques alcoólicos por semana — pode reduzir o número de ondas de calor, sofridas durante a pré-menopausa, estimulando os níveis de estrogênio no sangue. Em contrapartida, beber em excesso — mais de 14 doses por semana — pode gerar aumento nos calores. A pesquisa sugere que isso pode ser ocasionado pelos níveis reduzidos de estrogênio no sangue, possivelmente como resultado dos efeitos nocivos do álcool sobre os ovários e o fígado. O álcool também relaxa os músculos, dilatando os vasos sanguíneos, aumentando assim o fluxo e o risco de calores. Uma taça pequena (125 ml) de vinho contém, em média, uma e meia unidade, enquanto uma taça grande (175 ml) contém duas.

15. DIMINUA O NÚMERO DOS CAFEZINHOS

A pesquisa sugere que diminuir a quantidade ingerida de café ou substituí-lo por um produto descafeinado reduz as ondas de calor. A combinação de cafeína com a temperatura da bebida pode provocar calores em muitas mulheres. Isso se aplica aos refrigerantes com cola e aos chás também, embora este contenha em torno de metade de cafeína. Experimente substituir uma ou duas xícaras de café por dia por água pura, ou por um chá de ervas de sua preferência. Atualmente a maioria dos supermercados possui uma variedade de chás de ervas. Consulte o Capítulo 4 — Reposição Hormonal Natural para detalhes acerca dos chás de ervas que ajudam a combater os calores.

16. SEJA PARCIMONIOSA COM OS TEMPEROS

Monitore sua reação às comidas temperadas — algumas mulheres descobrem que elas podem provocar calores, assim é melhor evitá-las. Em vez disso, use alho e ervas, tais como sálvia, funcho e salsa na comida, e você também se beneficiará dos fitoestrogênios — hormônios da planta — nelas contidas.

17. CONTROLE SEU PESO

Há evidências de que estar acima do peso durante a pré-menopausa pode acionar os calores, possivelmente porque o excesso de peso reduz os níveis de androstenediona, o que significa que as células de gordura produzem menos estrona. Estar muito magra também pode aumentar os calores porque você tanto irá produzir bastante androstenediona como terá células de gordura suficientes para armazená-la e convertê-la em estrona. Depois da menopausa, alguns quilos a mais podem reduzir as ondas de calor. Para descobrir se você está com um peso saudável e aprender a administrar o peso, consulte o Capítulo 7 — Tenha uma Aparência Mais Jovem.

18. ALIMENTE-SE PARA COMBATER OS CALORES

Picos e quedas nos níveis de açúcar no sangue podem também exacerbar os calores. Evite alimentos que contenham açúcar refinado e carboidratos, tais como balas, chocolate, bolos e biscoitos. Ingerir açúcar refinado dá a você um rápido acréscimo de energia, o que, por sua vez, gera calor e pode levar aos fogachos. Em vez disso, opte por açúcares naturais de queima lenta comendo frutas frescas e secas. Se não gosta de bebidas quentes sem açúcar, experimente usar um pouco de mel. Acredita-se que o mel eleva o açúcar no sangue mais devagar que o açúcar refinado. É melhor comer pouco e várias vezes, porque digerir grandes refeições também gera calor, o que, por sua vez, pode acionar os fogachos. Escolha também alimentos de baixo índice glicêmico, o que significa que serão digeridos lentamente, causando um aumento gradual do açúcar de seu sangue (veja tópico 50 — Acabe com a "aparência da meia-idade", no Capítulo 7 — Tenha uma Aparência Mais Jovem). Incluir alimentos proteicos, tais como carne magra e laticínios de baixo teor de gordura, em sua dieta também pode ajudar, porque eles reduzem a taxa com que a glicose é absorvida.

19. REFRESQUE-SE

Experimente as seguintes sugestões para um alívio refrescante e instantâneo contra os efeitos de uma onda de calor:

- Colocar a parte interna dos pulsos sob água fria de uma torneira por um ou dois minutos deve refrescá-la rapidamente.
- Quando sentir uma onda de calor chegando, beba água fria para se refrescar e aliviar os efeitos.
- Tenha sempre um *spray* de água mineral que caiba na bolsa e borrife o rosto e o pescoço para acalmar o

fogacho. Certifique-se de ter sempre lenços (de papel ou tecido) na bolsa para enxugar a pele. Pode-se substituir a água pura pela água de rosas, pois além de refrescante é perfumada.

- Tenha também lenços umedecidos na bolsa, pois são ótimos para refrescar depois de uma onda de calor. Os perfumados com fragrâncias de limão ou pepino são mais refrescantes. Para uma sensação de maior de conforto na hora de usar, guarde-os na geladeira.
- Como uma alternativa para os lenços umedecidos, mantenha um lenço de tecido úmido na geladeira. Para aumentar os efeitos, adicione à água umas poucas gotas de óleo essencial de menta refrescante ou gerânio para equilibrar os hormônios, ou ainda sálvia ou rosa, e umedeça o lenço na solução.
- Coloque um pacote de vegetais congelados tirados do freezer no rosto, pescoço, parte interna dos braços e dos pulsos para um alívio refrescante instantâneo da onda de calor.

20. TRANQUILIZE-SE

Segundo pesquisas, relaxar com regularidade pode diminuir os calores em até 60%. O Capítulo 1 — Supere os Sintomas da Menopausa, traz ideias de como reduzir esse estresse.

Durante uma onda de calor, relaxe e respire profunda e calmamente em vez de ficar tensa e verá como a sensação desagradável passa mais depressa. Segundo um estudo, respirar profundamente pode cortar pela metade os calores. Inspire devagar pelo nariz, contando até três, expandindo seu estômago. Prenda a respiração e conte até três novamente, exale depois pela boca contando até seis, encolhendo o estômago.

Quando sofrer uma onda de calor, visualize-se num lugar frio — talvez em uma piscina gelada. Imagine a sensação de frio enregelante envolvendo-a dos pés à cabeça.

21. PONHA-SE EM MOVIMENTO

Estudos mostram que ser fisicamente ativa por uma a três horas por semana reduz a ocorrência de ondas de calor. Você não precisa ir à academia — pode apenas ser mais ativa no seu dia a dia. O Capítulo 5 — Mais Dicas para uma Menopausa Mais Saudável irá ajudá-la a alcançar esse objetivo.

22. PARE DE FUMAR

Fumar aumenta seu risco de sofrer com ondas de calor, assim como contribui para outros sintomas e condições relacionados à menopausa. Largar o cigarro é difícil, mas existe ajuda disponível. Consulte seu médico para saber detalhes a respeito de clínicas especializadas onde você poderá contar com aconselhamento e apoio. Ou então acesse a internet, onde há indicação de vários hospitais e campanhas com esse objetivo.

23. VISTA-SE DE MANEIRA ADEQUADA

Fibras sintéticas tais como o nylon e o poliéster pioraram a transpiração ocasionada pelas ondas de calor. Experimente usar roupas de algodão e linho, que absorvem melhor o suor. Prefira roupas de corte folgado e use-as sobrepostas; assim, quando sentir que está esquentando, você pode tirar uma delas. Evite qualquer coisa que cubra seu pescoço porque os fogachos passam por ali e fica mais difícil para o calor se dissipar. Camisas ou vestidos de seda também não são uma boa opção, porque quaisquer manchas úmidas ficam visíveis no mesmo instante.

24. ASSUMA O CONTROLE DA TEMPERATURA

Assegure-se de que sua casa e o trabalho sejam lugares frescos. Desligue o aquecimento, ligue o ar condicionado ou abra uma janela.

Outro item útil para ter na bolsa é um ventilador portátil a pilha ou bateria. São bem baratos e conseguem refrescá-la rapidamente.

25. DURMA PROFUNDAMENTE

As ondas de calor podem perturbar seu sono. Em um minuto você pode estar muito quente e arrancar a camisola e jogar de lado o acolchoado e, no seguinte, estará com frio e puxando tudo de volta! Para minimizar o risco de que isso aconteça, experimente as alternativas seguintes, muito simples:

- ❏ Mantenha seu quarto o mais frio possível. Desligue o aquecimento. Se seu companheiro reclamar, ressalte que, afinal, um quarto frio contribui para o sono.
- ❏ Use roupa de cama e camisola ou pijama de algodão. Durma com um lençol de algodão debaixo do acolchoado. Se uma onda de calor a atacar, você pode jogar de lado o acolchoado e ainda ficar coberta com algo leve.
- ❏ Mantenha uma bolsa térmica de gel gelada debaixo do travesseiro à noite — do tipo que você pode colocar no freezer. Vire o travesseiro de lado sempre que precisar se resfriar.
- ❏ Mantenha um copo de água gelada, talvez com um galhinho de hortelã fresca, ao lado da cama e tome alguns golinhos para repor os fluídos perdidos durante os suores noturnos. Com um tempo muito quente, acrescente gelo e guarde a água em uma garrafa térmica.

26. NÃO FIQUE CONSTRANGIDA

Finalmente, tente não ficar constrangida por causa de um fogacho. Embora você possa se sentir insuportavelmente quente e desconfortável, é provável que as outras pessoas nem notem.

Para saber que alimentos e suplementos podem ajudar a reduzir os calores, consulte o Capítulo 4 — Reposição Hormonal Natural. Para abordagens alternativas aos sintomas da menopausa, inclusive os fogachos, veja o Capítulo 6 — Terapias Complementares do Tipo "Faça Você Mesma".

CAPÍTULO 3

Fazer ou Não Fazer a Reposição Hormonal?

27. LEVE EM CONSIDERAÇÃO SE DEVE OU NÃO FAZER A TRH (TERAPIA DE REPOSIÇÃO HORMONAL)

A TRH é um assunto imenso e altamente controvertido. A decisão de fazê-la ou não é uma questão de ordem pessoal que cabe apenas a você. Os argumentos a favor e contra a TRH são complexos. Quanto mais bem informada estiver, mais fácil será encontrar a melhor alternativa para o seu caso. A seguir apresento alguns pontos-chave. Neste capítulo você encontrará uma explicação básica do que é a TRH, assim como um histórico breve, achados e críticas a estudos-chave, os riscos potenciais e os benefícios, além de algumas considerações de especialistas. Também sugeri organizações que você pode consultar para mais informações e opiniões sobre a TRH. Talvez você queira ler livros sobre o assunto, portanto também relacionei alguns títulos que podem ser úteis.

O que é a TRH?

A TRH é apresentada em três regimes principais — só de estrogênio, cíclica combinada e contínua combinada — e em várias formas, inclusive pílulas, adesivos, implantes e géis. A TRH cíclica combinada, em que se toma estrogênio todo dia e progestogênio por doze a catorze dias de cada ciclo, é normalmente oferecida se você ainda menstrua, ou menstruou no ano anterior. Pode ser em adesivo, na forma oral ou uma combinação de ambos, e provoca um sangramento a cada 28 dias. Se você não tiver menstruado por um ano ou mais, é provável que lhe seja oferecida uma TRH contínua combinada, o que significa que vai tomar tanto estrogênio como progestogênio todo dia. O medicamento vem em pílulas ou em forma de adesivo. Pela teoria, você não deveria ter um sangramento mensal durante a pré-menopausa, mas algumas mulheres experimentam gotejamento ou sangramentos leves e irregulares nos primeiros seis meses mais ou menos.

O estrogênio usado nesses preparados é produzido quimicamente em laboratório a partir da urina de uma égua prenhe, de soja ou de inhame selvagem ou cará. O progestogênio é uma progesterona sintética, derivada na maioria das vezes de plantas tais como inhame selvagem ou cará, como é conhecido no Brasil, soja ou sisal. Evidências sugerem que os benefícios de fazer a TRH incluem a prevenção das ondas de calor e dos suores noturnos; o alívio do mau humor relacionado aos hormônios, secura vaginal, insônia e um risco reduzido de osteoporose e câncer dos intestinos.

De qualquer forma, é sempre bom procurar um médico, que poderá lhe informar sobre os riscos e benefícios da TRH.

Um breve histórico

Nos anos de 1930 a TRH consistia apenas da prescrição de estrogênio por meio de injeções para aliviar os sintomas do climatério. Em 1942 foi desenvolvida uma forma oral. Durante as três décadas seguintes, a TRH foi uma "cura" popular para problemas da menopausa. Em 1975 surgiram evidências da existência de um elo entre o estrogênio e o câncer de útero, levando ao declínio da TRH. Foi adicionado o progestogênio com o objetivo de contra-atacar esse efeito e a TRH foi relançada. O estrogênio sozinho ainda é oferecido a mulheres que tenham sido submetidas a uma histerectomia. Durante os anos de 1980 e princípio de 1990, a TRH recuperou a popularidade, em meio a relatos de que prevenia enfermidades tais como a osteoporose e doenças coronarianas.

Nos fins dos anos de 1990 surgiram evidências de que a TRH aumentava o risco de câncer de mama e doenças cardiovasculares no primeiro ano de uso. Em seguida o estudo patrocinado pela Women's Health Initiative (WHI), nos Estados Unidos, em 2002, e o estudo de The Million Women, no Reino Unido, em 2003, vincularam o uso combinado da TRH a mulheres entre 50 a 60 anos com um pequeno risco de câncer de mama, derrame, coágulos no sangue e doença coronariana.

O estudo de The Million Women vinculou, mais tarde, a TRH com apenas estrogênio a um risco ligeiramente aumentado de câncer de útero e todos os tipos de TRH a um risco aumentado de câncer de ovário. Outros estudos chegaram a conclusões semelhantes. O estudo da WHI também apontou uma redução no câncer de intestinos e fraturas ósseas entre usuárias de TRH combinada. Já as mulheres que tinham sofrido uma histerectomia e faziam a TRH apenas de estrogênio não corriam um aumento no risco de câncer de mama.

Entre 2004 e 2007, a WHI publicou análises posteriores sugerindo que alguns dos perigos tinham sido superestimados. Um estudo de seguimento em 2008 sugeriu um risco maior de todos os cânceres três anos após a interrupção do tratamento de TRH. O risco elevado de um evento cardiovascular desaparecia depois de três anos de interrupção da TRH.

Portanto, o uso da reposição hormonal deve ser restrito às pacientes que tenham necessidade dela e sob supervisão do médico.

Descobertas de estudos-chave

O estudo da WHI relatou, em 2002, que os riscos adicionais anuais em 10 mil mulheres na pós-menopausa fazendo a TRH combinada eram oito casos a mais de câncer de mama invasivo; sete casos a mais de ataques cardíacos; oito casos a mais de derrames e oito a mais de coágulos de sangue no pulmão. Os riscos reduzidos (benefícios) eram seis casos a menos de câncer de intestino e cinco a menos de fratura de quadris.

O estudo de The Million Women, publicado em 2003, estimou que dez anos de TRH resultavam em cinco casos extras de câncer de mama por mil usuárias apenas de estrogênio e dezenove casos a mais de câncer por mil usuárias de estrogênio e progestogênio combinados.

Sucesso de mídia

A relevância desses estudos pode ser difícil de avaliar, especialmente quando a mídia trata com sensacionalismo as descobertas. Por exemplo, em 2002 muitos jornais informaram que o risco de câncer de mama em pacientes de TRH combinada era 26% mais alto do que o das que não tomavam hormônios algum. Mas esse era o risco relativo. Em termos reais, igualava-se a oito casos extras de câncer de mama por 10 mil pacientes de TRH por ano.

De maneira similar, em 2008 a mídia informou que o risco de todos os cânceres era 24% mais alto nos três anos seguintes à interrupção da TRH do que entre as não adeptas da TRH. Em termos absolutos, isso iguala em torno de três casos extras de qualquer câncer por mil pacientes de TRH combinada a cada ano. Portanto, os riscos aumentados para a saúde são pequenos. Tenha isso em mente ao considerar suas opções.

Críticas ao estudo

Não é apenas a cobertura da mídia com relação às descobertas dos estudos que tem sido criticada. Julga-se que os estudos em si têm sido mal conduzidos.

Uma das principais críticas ao estudo da WHI é de que a idade média das participantes era de 63 anos, o que é dez anos acima da média da mulher na menopausa supostamente paciente da TRH. Uma reavaliação das descobertas da WHI indicou que mulheres entre 50 e 59 anos podem não sofrer um risco maior de doença cardíaca.

As descobertas do estudo do The Million Women foram desafiadas por se concentrarem apenas em mulheres que faziam o exame de mamografia. Houve aumento do número de casos de câncer de mama também porque algumas mulheres tinham histórico familiar da doença.

Riscos versus benefícios

Como com todos os medicamentos, os riscos totais versus os benefícios precisam ser sopesados. No caso da TRH, é preciso que se leve em consideração as falhas das pesquisas.

Se você entrou na menopausa antes dos 45 anos, seu risco de ter osteoporose é maior porque, efetivamente, perdeu vários anos valiosos dos efeitos protetores do estrogênio nos ossos. A TRH tem sido eficaz na redução do risco de fraturas, portanto, nesse cenário, os benefícios podem superar os riscos. Além disso, alguns dos riscos associados à TRH podem ser menores nessa faixa etária. No documento "Consenso sobre a TRH", o Conselho da Sociedade Britânica da Menopausa comenta que não há aumento de câncer de mama nas pacientes que fazem a reposição hormonal mais cedo, durante a menopausa prematura.

Se, apesar de manter um estilo de vida saudável, seus sintomas da menopausa forem graves o suficiente para afetar sua qualidade de vida, os benefícios da TRH podem superar os riscos. A TRH tem mostrado prevenir as ondas de calor e os suores noturnos na maioria dos casos. Também é efetiva para aliviar a secura vaginal, pode ajudar na depressão de fundo hormonal e na insônia. Lembre-se de que o estudo da WHI concentrou-se em mulheres mais velhas, portanto, se você tem por volta dos 40 ou 50 anos, provavelmente os riscos sejam menores.

Além disso, o estudo de The Million Women focou o risco maior de câncer de mama a partir de dez anos de uso da TRH.

Oncologistas brasileiros alertam que a reposição hormonal feita com a combinação de estrogênio e progesterona, feita por mais de cinco anos, tem maiores chances de desenvolver o câncer de mama. Ou seja, prevalece o bom senso e a opinião médica para optar ou não pela TRH.

Possíveis efeitos colaterais

Evidências sugerem que os possíveis efeitos colaterais de fazer a TRH combinada incluem inchaço, sensibilidade nos seios e aumento das dores de cabeça/enxaquecas — embora algumas mulheres relatem a diminuição —, depressão e náuseas. Se você tiver fibroides (tumores musculares benignos, normalmente no útero ou trato gastrointestinal), eles podem aumentar em tamanho. Em casos raros, os estrogênios equinos podem elevar a pressão arterial.

Tais efeitos podem ser passageiros, portanto seu médico pode sugerir que você continue por uns poucos meses na esperança de os problemas se acomodarem. Contudo, se os efeitos forem persistentes, ou se houver a presença de outros mais sérios, tais como dor intensa ou falta de ar, procure seu médico ou outro profissional especializado o quanto antes.

Pontos de vista de especialistas

Menopause Matters (Questões da Menopausa), um site independente da rede mundial criada pela ginecologista e obstetra dra. Heather Currie, objetiva proporcionar informações precisas sobre a menopausa e opções de tratamento. O site, que contém contribuições de clínicos especializados em administração da menopausa, fornece um modelo simples dos riscos e benefícios da TRH e conclui: "Geralmente, se você entrou na menopausa cedo (antes dos 45 anos de idade) ou prematuramente (antes dos 40), os benefícios de fazer a TRH até pelo menos os 50 anos superam em muito os riscos. Se você tem menos de 60 e apresenta os sintomas da menopausa, os benefícios também superam os riscos."

O site está em inglês, mas a dra. Heather possui um livro já publicado no Brasil, *Tudo sobre a Menopausa,* Ed. Andrei.

Marilyn Glenville, uma importante terapeuta nutricional e expoente de terapias alternativas naturais de TRH, admite em seu livro *Natural Alternatives to HRT* (Alternativas Naturais à TRH, sem tradução para o português) que mulheres que entraram na menopausa precoce por causa de uma intervenção cirúrgica podem precisar da TRH. Em seguida argumenta que mulheres que atravessam uma menopausa natural, com ou sem um útero, estão em uma posição diferente e questiona: "Os benefícios da TRH realmente valem o risco?" — explicando que existem várias alternativas naturais.

Janet Brockie, enfermeira especialista em menopausa no Hospital John Radcliffe, em Oxford, Inglaterra, me disse: "Sempre senti que as próprias mulheres precisam assumir alguma responsabilidade por sua saúde. Uma dieta equilibrada, estilo de vida e exercícios são vitais. Ao encontrar e conversar com provavelmente centenas de milhares de mulheres nesse estágio da vida, a maioria delas relatou evitar tomar hormônios, ao contrário de outras que necessitam mesmo deles e se beneficiam deles. Contudo, os profissionais de saúde precisam respeitar e aceitar os desejos daquelas mulheres que não querem ou não precisam da TRH e, sendo assim, é importante considerar alternativas".

> **Avalie as evidências**
>
> Para ajudá-la a avaliar as evidências, outras organizações também oferecem opiniões de especialistas sobre as pesquisas atuais com relação à TRH. Na Revista da Associação Médica Brasileira você encontrará vários artigos a respeito. Veja o site http://www.scielo.br/scielo.php?script=sci_arttext&pid=S0104-42302002000200001. No site Menospausa — o site da mulher madura, no endereço http://www2.uol.com.br/menospausa/trh.htm, também existem várias opiniões de especialistas que podem esclarecer e muito suas dúvidas.

A escolha é sua

Fazer ou não a TRH é uma escolha sua. É provável que a decisão tomada seja influenciada por fatores tais como a maneira como você encara a menopausa, a extensão de seus sintomas, de como se sente acerca de tomar remédio todo santo dia e da percepção e atitude diante dos riscos. Se estiver convencida de que a TRH pode ajudá-la, converse com seu médico e discuta os prós e os contras para o seu caso. Só ele poderá avaliar seu risco de desenvolver câncer ou doença cardiovascular e levar em conta quaisquer outras contraindicações — por exemplo, sofrer de enxaquecas — antes de prescrever um tratamento hormonal. É óbvio que você deve fazer a TRH apenas pelo tempo que precisar. A recomendação atual é de que as mulheres devem usá-la pelo menor tempo possível, embora algumas possam precisar dela por mais tempo.

    É possível optar pela TRH e, depois, talvez como resultado de efeitos colaterais, resolver que isso não é para você. Ou pode achar que não pode viver sem ela — como a atriz Jane Seymour. Jane faz a TRH desde os 47 anos para lidar com suas ondas de calor e a irritabilidade. Em 2005, depois de sete anos, parou de tomar os hormônios, em função de temores. Apesar de seguir um estilo de vida saudável, seus sintomas retornaram em questão de meses. Por fim, ela pesou os prós e os contras e optou por uma dose mais baixa de hormônios, por meio de um adesivo, e por uma alimentação rica em fitoestrogênios para controlar os sintomas. E concluiu: "Ouvi muitas opiniões diferentes, mas percebi que cada mulher tem de encontrar um caminho em que se sinta confortável para lidar com a menopausa".

CAPÍTULO 4

Reposição Hormonal Natural

Opte ou não pela TRH, as evidências sugerem que ajustar a alimentação e o estilo de vida pode ajudar a controlar os sintomas do climatério. Já observamos como uma dieta pobre pode exacerbar ou mesmo provocar as ondas de calor. Uma dieta inadequada também pode contribuir para outros sintomas da menopausa e doenças comuns do pós-climatério, tais como complicações cardiovasculares, câncer de mama e osteoporose. Este capítulo a ajuda a avaliar sua dieta e mostra os suplementos que podem ajudar a prevenir ou aliviar muitos desses problemas, proporcionando uma alternativa para a TRH, ou ainda um complemento.

> ### Água
> É muito importante beber água suficiente, qualquer que seja sua idade, porém certificar-se de bebê-la antes, durante e depois da menopausa pode ajudar a prevenir o desenvolvimento de outras condições que venham a se tornar um problema, tais como cistite e enxaqueca. Seu cérebro é constituído de 80% de água, portanto beber o suficiente

> ajuda a assegurar um funcionamento cerebral saudável. É especialmente importante repor os fluidos perdidos pelos calores e suores noturnos. A Food Standards Agency (agência oficial britânica de regulamentação de alimentos) recomenda a ingestão de pelo menos 1,2 litro de fluidos por dia.

28. EQUILIBRE SEUS HORMÔNIOS COM FITOESTROGÊNIOS

Fitoestrogênios são estrogênios das plantas que possuem um efeito estrogênico ou antiestrogênico. As bactérias nos intestinos convertem esses hormônios das plantas em substâncias que podem fornecer benefícios semelhantes ao estrogênio. Os três principais tipos de fitoestrogênios são isoflavonas, lignanas e cumestanos. As quatro isoflavonas mais ativas são genisteína, daidzeína, biochanina A e formononetina. As melhores fontes de isoflavonas são os legumes. As lignanas são obtidas principalmente de cereais, frutas, verduras e grãos. Os cumestanos são amplamente encontrados em brotos de feijão e pouco comuns na alimentação ocidental.

Mulheres em partes da Ásia que ingerem uma porção de alimentos contendo esses fitonutrientes, tais como soja, arroz e verduras, sofrem menos com os sintomas da menopausa. A taxa de câncer de mama também é muito mais baixa — cerca de um quarto do que ocorre no Reino Unido e nos Estados Unidos. Pesquisas sugerem que as mulheres na Inglaterra e nos Estados Unidos têm uma média diária de ingestão de isoflavona de 4,5 mg, enquanto a média das japonesas por dia é de 50 mg e, em alguns casos, pode chegar a 100 mg.

Existem evidências de que as mulheres se beneficiam de um consumo maior desses alimentos, ou de tomar suplementos ricos em fitoestrogênios, tendo até 40% menos de ondas de calor, ossos mais fortes e pele mais macia. Uma revisão de treze estudos concluiu que mulheres que sofrem de calores frequentes são as que mais se beneficiam. Tudo indica que algumas absorvem melhor os fitoestrogênios que outras. Não fumar e tomar bebidas alcoólicas com moderação também ajudam. Os antibióticos podem retardar a absorção, porque destroem bactérias benéficas. Ingerir alimentos que fornecem prebióticos (por exemplo, tomate) e probióticos (por exemplo, bioiogurte) pode aumentar a absorção, principalmente depois de um período de uso de antibióticos. Além disso, comer menos gordura e mais carboidratos é sempre benéfico. Estudos mostram que manter uma alimentação dessa forma aumenta a conversão de daidzeína em equol, uma substância com efeitos estrogênicos.

Bichinhos do bem

Os prebióticos contêm carboidratos, que alimentam e encorajam o crescimento de bactérias "boas" nos intestinos. Elas são encontradas nos alimentos do dia a dia, tais como cebola, tomate, alho-poró, alho, pepino, aipo e banana. Esses alimentos também contêm fitoestrogênios. Os probióticos, tais como os *Lactobacillus* ou os *Streptococcus*, são agora adicionados a muitos alimentos e bebidas — porém são mais caros. Tomar bioiogurte vivo natural é uma maneira fácil e barata de incluí-los em sua dieta.

Supersoja

A soja é uma fonte particularmente rica em dois tipos de isoflavona — genisteína e daidzeína. Comer produtos com soja pode beneficiar sua saúde tanto antes como depois da menopausa. Um estudo mostrou que mulheres que consumiam 45 g de soja diariamente tinham 40% menos ondas de calor. Os feijões de soja contêm todos os oito aminoácidos, o que os torna uma proteína completa. Também são ricos em ácidos graxos essenciais. É sabido que também reduzem o colesterol, protegendo assim de doenças cardíacas, e podem diminuir o risco de câncer causado por hormônios, como o câncer de mama.

É muito fácil incluir a soja em sua dieta. Experimente substituir o leite de vaca pelo leite de soja. A maioria é fortificada com cálcio, que proporciona proteção adicional contra a osteoporose. Você também pode experimentar os iogurtes, queijos e sobremesas à base de soja. O tofu é uma coalhada de feijão de soja feita do leite de soja coagulado. Seu sabor suave o torna versátil, mas precisa ser acompanhado de ingredientes de gosto acentuado para ser agradável ao paladar. Existem três tipos: o de consistência firme, que pode ser usado em refogados rápidos, sopas e saladas. Os outros, o tofu semifirme ou *soft* e o pastoso, que tem uma textura mais macia e pode ser usado para passar no pão, em patês, molhos, sobremesas e vitaminas.

Substitua a carne animal pela carne de soja. A quantidade diária recomendada de isoflavonas é de 45 mg — 55 g de tofu ou 600 ml de leite de soja rendem em torno de 40 mg. Uma porção de 100 g de feijão de soja contém cerca de 37 mg de isoflavonas. Experimente usá-lo em cozidos, ensopados e saladas. Os feijões de soja secos precisam ser deixados de molho de um dia para o outro antes do uso. Os enlatados podem ser usados, mas se contiverem sal enxágue-os primeiro. O missô, uma pasta feita de feijão de soja fermentado, contribui com pequenas quantidades de isoflavonas quando adicionado a pratos como refogados rápidos e massas. Deve ser usado com parcimônia, porém, já que tem um alto teor de sal. Os flocos de soja têm um sabor parecido com o de nozes — experimente salpicá-los sobre o cereal matinal ou adicioná-los aos cereais com nozes e frutas secas caseiros.

Uma vitamina de frutas com leite de soja é um ótimo jeito de incluir tanto os fitoestrogênios como mais frutas em sua alimentação. Se ainda menstrua, você obtém os benefícios da fruta toda, em vez de apenas suco, inclusive das fibras. Pode acrescentar qualquer fruta de seu gosto: damascos, morangos, pêssegos, peras, maçãs, bananas dão um gosto bom à vitamina e são ricos em fitoestrogênios. A canela não apenas confere sabor, mas também estimula o conteúdo de fitoestrogênios. Confira a seção de Receitas.

Se você não gosta dos produtos de soja ou acha que a alimentação por si só não melhora seus sintomas, considere tomar um suplemento com isoflavonas de soja e outros fitoestrogênios.

> **Faça uma refeição no estilo japonês**
>
> Em um restaurante japonês você irá saborear alimentos que a ajudarão a combater muitos dos sintomas da menopausa. Experimente a sopa de missô, *edamame* (feijões de soja em vagem, frescos) e tofu para combater os calores, e *sushi* e *sashimi* para estimular sua ingestão de óleo de peixe e ajudar a protegê-la da depressão e de doenças cardíacas.

Grão-de-bico

O grão-de-bico contém todos os quatro tipos de isoflavona, portanto vale muito a pena incluí-lo em sua dieta. Use-o para dar um toque interessante em ensopados, pratos com *curry* (ou caril), massas e saladas, ou utilize-o para rechear pimentões ou tomates, no lugar do arroz. A pasta de *hummus* leva grão-de-bico e é um ótimo patê para rechear sanduíches. Você pode comprá-la na maioria dos supermercados ou fazer em casa. Veja a seção de Receitas.

Fartura de feijões

Assim como a soja, todos os tipos de feijão são boas fontes de isoflavonas e também suprem quantidades menores de lignanas e cumestanos. Você não precisa comer o mais exótico *azuki* (o feijão avermelhado japonês) e feijão-da-china (ou feijão-mungo). O popular feijão-carioca, o feijão-preto, o feijão-branco, o feijão-de-lima e o feijão-manteiga são tão benéficos quanto. Veja na seção de Receitas a Salada Mista de Feijão.

Que venha a lentilha

A lentilha contém todas as quatro classes de isoflavonas, assim como alguns lignanas e cumestanos. Possui também alto teor de fibras. Existem vários tipos, inclusive vermelha, verde, marrom, laranja e preta. Experimente adicioná-la em pratos com *curry*, sopas e caldos. Diferentemente de outros grãos secos, ela não precisa ser deixada de molho antes do preparo. A Salada Quente de Lentilha na seção de Receitas leva azeite de oliva e tomate, que também fornece lignanas.

Ervilha, por favor

A lentilha e a ervilha contêm isoflavonas e fibras, portanto vale a pena incluí-las em sua dieta. Se você se cansou de servi-las como complemento, pode acrescentá-las a diversos outros pratos, inclusive risotos, omeletes, pizzas, massas, sopas, saladas, cozidos e pratos com *curry*.

O pão nosso de cada dia

Um estudo recente mostrou que o pão é uma das fontes principais de isoflavonas na alimentação das mulheres no Reino Unido; não só lá como no Brasil e em várias partes do mundo. Embora o pão não contenha quantidades importantes desses fitonutrientes, possui ferro e ácido fólico da farinha de trigo, obrigatório por lei no Brasil. O pão integral fornece mais genisteína e daidzeína e, sendo de um cereal não refinado, nos supre de lignanas. Os níveis de lignana são mais altos nos grãos não refinados. Os pães multigrãos, tais como o de soja, linhaça e o de centeio, também são boas fontes de fitoestrogênios.

Arroz é ótimo

O arroz integral escuro é uma boa fonte de fenisteína e daidzeína e também contém algumas lignanas. Experimente servi-lo no lugar do arroz branco com refogados rápidos, molho apimentado de carne e pratos com *curry*. Tem um delicioso sabor parecido com o de nozes, mas, se você achar difícil se acostumar ao gosto, tente misturá-lo com igual quantidade de arroz branco a princípio e, gradualmente, reduza a quantidade do arroz polido. Para melhores resultados, deixe o arroz integral de molho durante cerca de 25 minutos antes de cozinhá-lo. Isso amacia a camada externa de farelo, de modo que ele cozinha mais depressa.

Relaxe e curta

Consumir uma variedade de verduras não apenas é bom para sua saúde em geral, mas também pode reduzir os sintomas da menopausa.

As brássicas (repolho, brócolis, couve-flor, couve comum e couve-de-bruxelas) são boas fontes de lignanas. Feijão-verde, cenoura, pimentões verde e vermelho e abobrinha também fornecem quantidades adequadas. Pepino e tomate possuem um pouco, mas o molho de tomate é uma fonte mais concentrada. Ingerir verduras cruas ou refogadas fornece mais lignanas, enquanto fervê-las reduz a quantidade.

Alguns vegetais (por exemplo, os brócolis e o tomate) também contêm isoflavonas genisteína e daidzeína. O repolho contém outra classe menos comum dos fitoestrogênios, chamada cumarinos.

Vegetais verdes também contêm glicosinolatos (ou tioglicosídeos), que protegem contra o câncer de mama. Uma porção contém a quantidade diária recomendada. Para obter um excelente conteúdo de glicosinolato, use verduras frescas que tenham sido guardadas na geladeira e cozinhe no vapor, refogue ou prepare no forno de micro-ondas em vez de aferventá-las.

Dá-lhe frutas

Farte-se com frutas, não apenas pelos costumeiros benefícios associados, tais como vitaminas e fibras, mas também pelo seu conteúdo de fitoestrogênios. Damascos, morangos, mirtilos, amoras, pêssegos, peras, nectarinas, cerejas, kiwis e ameixas são especialmente ricos em lignanas, embora a maioria das outras frutas também contenha um pouco.

Sementes salpicadas

Espalhe uma ou duas colheres de sopa de sementes de linhaça sobre os cereais matinais, saladas, iogurte ou mesmo refogados para aliviar os sintomas da menopausa. As sementes de linhaça com sabor de nozes são as melhores fontes de lignanas e contêm óleos ômega-3 e fibras, de modo que podem ajudar a aliviar as ondas de calor, assim como proteger contra doenças cardíacas e ajudar a manter a saúde dos intestinos e do organismo em geral. O pão de soja e sementes de linhaça constitui uma boa fonte de benefícios tanto da soja como da linhaça em uma tacada só, além ser uma boa fonte de cálcio e fibras. Outras sementes, principalmente as de gergelim e girassol, também são boas fontes de lignanas. As sementes cruas são mais ricas, porém assá-las ou torrá-las pode reduzir o conteúdo de lignana. Se você acha difícil mastigar as sementes cruas de linhaça, pode comprá-las torradas e ainda assim se beneficiar de quantidades significativas de lignanas.

Aveia é tudo de bom

Outro jeito de aumentar sua ingestão de fitoestrogênio é incluir aveia em sua dieta. Aveia é uma boa fonte de lignanas. Também contém fibras solúveis, que reduzem o colesterol do sangue. O mingau é uma refeição matinal que sacia; ou então experimente um cereal tipo granola com bastante aveia. Você também pode comprar bolinhos de aveia, que são um petisco saudável.

Entre no alho

Alho é uma boa fonte de lignanas. Pode ser usado para acrescentar sabor a muitos pratos: o arroz e o feijão nosso de cada dia, além de massas, refogados e pizzas, para citar apenas alguns. O alho também contém compostos sulfurosos, inclusive a alicina, que, acredita-se, protege contra doenças cardiovasculares, reduzindo o colesterol, e podem diminuir o risco de câncer no estômago e nos intestinos.

Prefira o azeite de oliva

O azeite de oliva destaca-se notadamente na alimentação dos povos mediterrâneos, o que tem sido vinculado à longevidade e a um risco reduzido de câncer e doenças cardiovasculares. Isso pode, em parte, ser devido às lignanas que contém. O azeite de oliva extravirgem fornece mais lignanas. Aprecie seu sabor doce, temperando molhos de saladas e refogados, ou use-o para passar em uma torrada de trigo integral.

Sabor do Oriente

Os brotos comuns ou de feijões cultivados — feijão-mungo germinados —, usados com frequência na cozinha asiática, são ricos em cumestanos e isoflavonas. É melhor servi-los assim que forem comprados, já que perdem sua textura crocante muito depressa. Acrescente-os a sanduíches e saladas para dar um toque de frescor ou experimente uma refeição rápida, rica em fitoestrogênios, como o Refogado de Tofu, Verduras e Brotos de Feijão, especificado na seção de Receitas.

Cozinha caribenha

O inhame pode ajudar a promover o equilíbrio hormonal. Contém diosgenina, que é usada em laboratório para produzir progestogênio, uma versão sintética da progesterona. Embora o corpo não possa produzir progesterona a partir da diosgenina, acredita-se que ela tenha um efeito de equilíbrio nos níveis de progesterona e estrogênio. O inhame é um alimento básico no Caribe. Tem gosto semelhante ao de batata-doce e pode ser servido como tal, amassado ou em fatias finas, assadas no forno com azeite de oliva, além de integrar sopas e caldos.

Golinho benéfico

Acredita-se que os polifenóis do vinho tinto protegem contra a aterosclerose, que pode levar a moléstias cardiovasculares. Pesquisas também sugerem que o vinho tinto pode reduzir o risco de câncer de estômago e a doença de Alzheimer. As mulheres que passam pela menopausa têm, porém, outra boa desculpa para apreciar um copo de vinho regularmente, pois é uma fonte conveniente de lignanas também. Lembre-se de que moderação é a chave para tudo. Mais de três unidades por dia (e falo de uma taça, não de uma garrafa!) ou catorze unidades por semana podem aumentar o risco de câncer de mama e de doenças cardiovasculares e ter outros efeitos: o álcool pode perturbar o sono, afetando os mensageiros químicos que influenciam o sono. Uma taça pequena (125 ml) de vinho contém em média 1,5 unidades de álcool. Uma taça grande (175 ml) contém simbolicamente duas unidades. Uma taça de 250 ml contém cerca de três unidades.

É hora do chá

Se você gosta de um chazinho, vai ficar contente em saber que ele é uma boa fonte de lignanas, assim como de antioxidantes. Os chás pretos são mais ricos do que o chá verde. Isso pode explicar, em parte, por que alguns estudos têm mostrado que tomar chá ajuda a proteger contra a osteoporose. O café também contém lignana, porém em concentrações mais baixas. Existem evidências de que o chá preto e o verde também ajudam a prevenir a doença de Alzheimer.

Polvilhe canela

Polvilhe canela em sobremesas e bebidas quentes e frias para se beneficiar dos estrogênios vegetais que ela contém. Acredita-se, além disso, que a canela afina o sangue e reduz o colesterol, diminuindo assim o risco de ataque cardíaco e derrame. Pode ajudar a equilibrar o nível de açúcar do sangue e até mesmo aliviar a rigidez e a dor nas juntas.

29. INCLUA ALIMENTOS QUE MELHORAM O HUMOR EM SUA DIETA

Acredita-se que níveis mais baixos de estrogênio e progesterona contribuem para o mau humor. Para ajudar a evitar a depressão e a ansiedade, é importante ingerir alimentos que forneçam os nutrientes essenciais para um funcionamento saudável do cérebro.

- ❏ Peixes gordos, tais como sardinha, salmão e cavala, e óleo de nozes, de sementes e de vegetais contêm ácidos graxos essenciais que são vitais para um funcionamento saudável do cérebro. Evite comidas de baixo teor de gordura. Pesquisas sugerem que reduzir drasticamente todos os tipos de gordura na alimentação pode causar ansiedade e depressão.

- Alimentos com baixo índice glicêmico (IG), tais como aveia e cereais integrais, pão e massa, ajudam a manter o nível de açúcar do sangue constante e a evitar a irritabilidade e a depressão, que podem ser resultado do nível baixo de açúcar no sangue. Esses carboidratos também ajudam o corpo a produzir serotonina, uma substância química do cérebro que estimula o humor e a autoestima.
- Banana, abacate, frango e peru são ricos em triptofano e vitamina B6, que o corpo usa para produzir a serotonina, substância que melhora o humor. Ovos, feijões, lentilhas, nozes e sementes também contêm triptofano.
- Laticínios são ricos em cálcio, que induz à calma, assim como em triptofano, que os torna excelentes estimulantes do humor.
- As vitaminas do complexo B asseguram um sistema nervoso saudável e espantam a depressão. Cereais integrais, carne, peixe, laticínios, nozes, sementes, feijões e verduras de folhas verdes e frutas cítricas fornecem todas as vitaminas B de que você precisa.
- Nozes, cereais integrais, feijões e verduras de folhagem verde são ricos em magnésio. A falta de magnésio pode levar à ansiedade e à depressão.
- Inclua alimentos ricos em selênio em sua alimentação, tais como castanha-do-pará, marisco e fígado.

Uma baixa ingestão de selênio pode estar vinculada à depressão.
- O manjericão é amplamente utilizado por ervanários como antidepressivo. Adicione folhas rasgadas de manjericão em massas, pizzas e saladas.
- O chocolate aumenta a serotonina (substância que melhora o humor e o sono) no cérebro. O chocolate puro é o mais saudável, enquanto o chocolate ao leite contém menos flavonoides e mais gordura e açúcar.
- A baunilha também tem um efeito calmante. Experimente beber leite quente com extrato puro de baunilha (ou com as sementes de uma fava de baunilha).
- A *Melissa officinalis*, comumente conhecida como erva-cidreira por causa de suas folhas de aroma de limão parecidas com as de urtiga, tem propriedades tranquilizantes e calmantes que ajudam a aliviar a tensão, a ansiedade e as dores de cabeça, além de melhorar o humor. Acredita-se também que estimule a memória, tornando as células do cérebro receptivas à acetilcolina, uma substância química do cérebro vinculada à memória. As folhas podem ser picadas finamente e adicionadas aos pratos de carne ou peixe, ou tomadas como um chá, quente ou frio. Experimente misturá-las em uma vitamina de melão ou de pera para realçar o sabor.

30. ESTIMULE SUA MEMÓRIA

Estudos envolvendo alimentos à base de soja sugerem que os fitoestrogênios que eles contêm podem melhorar a memória na menopausa. Acredita-se que isso acontece porque o estrogênio atua na função da memória e os hormônios das plantas podem exercer um papel semelhante. Inúmeros outros alimentos também podem estimular o poder de seu cérebro.

Aumente sua energia com proteínas

Alimentos proteicos, tais como peixe, carne magra, ovos, feijões e nozes ajudam seu cérebro a ficar alerta e focado. Isso porque contêm aminoácidos, que promovem a liberação de neurotransmissores, cuja tarefa é transmitir informações dentro do cérebro e para outras partes do corpo. Comprometa-se a ingerir duas a três porções diárias de proteínas, de preferência durante o dia, para ajudar seu cérebro a funcionar melhor. Os ovos também contêm fosfolipídios, gorduras que estimulam a memória.

O bom das frutas silvestres vermelhas

As vitaminas e antocianinas das frutas silvestres vermelhas, tais como mirtilo, framboesa e morango, previnem a deterioração do cérebro com a idade e podem melhorar a memória de curto prazo, além de restaurar a coordenação. As frutas silvestres vermelhas também contêm fitoestrogênios.

Embarque no cacau

Estudos mostram que chocolate escuro de boa qualidade contém flavonoides, que estimulam o fluxo sanguíneo no cérebro, melhorando seu funcionamento, compensando a fadiga. Para desfrutar dos benefícios máximos para a saúde, prefira chocolate contendo 70% ou mais de cacau. Como um benefício adicional, o chocolate puro é uma fonte conveniente de lignanas. Para administrar seu peso, comprometa-se a comer não mais de 25 g por dia, já que mesmo o chocolate escuro tem altos níveis de gordura e açúcar.

Ácido fólico

O ácido fólico, também conhecido como folato, tem mostrado reduzir o declínio mental. As melhores fontes são a beterraba, os brócolis, as verduras de folhagens verdes, as nozes e os cereais.

Os benefícios do Brasil

A castanha-do-pará, chamada também de castanha-do-brasil no exterior, é uma fonte particularmente boa de selênio e acredita-se que proteja contra a doença de Alzheimer, assim como da depressão e do câncer. Assim como outras nozes, ela é recheada de vitaminas e minerais.

Curry bondoso

A erva-ruiva, também conhecida como cúrcuma, açafrão-da--índia, açafrão-da-terra ou açafroa, é um membro da família do gengibre e um ingrediente básico do *curry*, ou caril. Pesquisas indicam que a cúrcuma protege o cérebro dos danos da oxidação, prevenindo contra a perda da memória e possivelmente o Alzheimer. Experimente adicionar a cúrcuma em pó ao iogurte natural e utilize em molho para verduras cruas. Use-a em refogados rápidos e *curries* caseiros de baixo teor de gordura.

31. REDUZA OS SINTOMAS COM VITAMINA E E COM GORDURAS BOAS

Assim como os fitoestrogênios, os alimentos que contêm vitamina E e gorduras insaturadas podem ajudar a reduzir as ondas de calor e outros sintomas.

Coma nozes e sementes para usufruir da vitamina E

Um estudo sugere que a vitamina E reduz ligeiramente os calores. Além disso, pode ajudar na secura vaginal. A vitamina E também pode ajudar a prevenir catarata, doença de Alzheimer e doenças do coração. A dose diária de vitamina E para mulheres é de apenas quinze avelãs. As sementes de abóbora e de girassol também fornecem fitoestrogênios, proteínas, ácidos graxos essenciais, vitaminas B e E e minerais, principalmente magnésio, fazendo delas um petisco ideal durante a menopausa. Pães com sementes ou crocantes proporcionam um jeito conveniente de incluí-las em sua alimentação. O óleo com vitamina E também alivia a secura vaginal quando aplicado na região. Se usar cápsulas, verifique se não contêm levedura para evitar infecções pela fermentação.

Nozes e sementes têm um teor bem alto de calorias, portanto tente não consumir mais de um punhado de nozes (mais ou menos 300 calorias) ou duas colheres (sopa) de sementes (cerca de 200 calorias) por dia. Se preferir, pode tomar um suplemento de até 1.000 IU (unidades internacionais) de vitamina E natural diariamente.

> **Vantagens do abacate**
>
> Os abacates também são ricos em vitamina E. Têm teor elevado em gordura monoinsaturada, que reduz o colesterol ruim (LDL) e aumenta o bom colesterol (HDL). Isso quer dizer que são altamente calóricos, portanto limite sua porção à metade de um abacate. Também contêm o antioxidante betacaroteno, vitamina B, inclusive folato, vitamina C e iodina, que propiciam um funcionamento saudável da tireoide. Experimente acrescentá-los a saladas ou faça uma pasta de abacate. Confira a seção de Receitas.

Prefira as gorduras "boas"

Evite gorduras saturadas, que são vinculadas a doenças cardíacas, aterosclerose — endurecimento das artérias — e ao câncer de mama, e prefira as "boas" gorduras insaturadas. Estas protegem contra muitos dos problemas associados à menopausa, inclusive ondas de calor, pele seca, doenças cardíacas, derrames, osteoporose, dores e mal-estares, e doença de Alzheimer.

Existem dois tipos de gorduras insaturadas: ácidos graxos essenciais poli-insaturados — ômega-3 e ômega-6 — e gordura monoinsaturada — ômega-9. Acredita-se que as gorduras ômega-3 estimulem o funcionamento cerebral, melhorando o fluxo sanguíneo no cérebro e diminuindo o risco de doenças cardíacas, reduzindo os níveis de triglicérides. Acredita-se que também fortaleçam os ossos e são anti-inflamatórias, reduzindo as dores e mal-estares em geral, bem como aquelas associados à artrite e às dores de cabeça. Peixes gordos, nozes, sementes, gema de ovo, verduras de folhagem verde-escura, óleo de semente de cânhamo e óleo de linhaça são boas fontes. Acostume-se a incluir esses alimentos em sua dieta regularmente. Se por alguma razão não puder fazer isso, considere a possibilidade de tomar cápsulas de óleo de fígado de bacalhau.

Observação: o óleo de fígado de bacalhau contém vitaminas A e D, portanto não o tome com outros suplementos que contenham essas vitaminas, já que são solúveis em gordura. Isso quer dizer que qualquer excesso é armazenado no fígado. Tomar vitaminas demais pode ser perigoso.

Acredita-se que as gorduras ômega-6 ajudam a aliviar os sintomas da menopausa promovendo o equilíbrio hormonal. São encontradas em óleos tais como o de prímula, de semente de linhaça, girassol e milho, nozes, azeitonas, sementes e alguns cereais.

Gorduras monoinsaturadas, também conhecidas como gorduras ômega-9, reduzem o colesterol LDL, que está vinculado às doenças cardíacas e derrames. Azeitonas e azeite de oliva, óleos de canola e de amendoim, abacate, nozes e sementes são boas fontes de gorduras ômega-9.

32. CUIDE DA SAÚDE DE SEUS OSSOS

O estrogênio promove a renovação óssea e melhora a absorção de cálcio nos ossos. Na menopausa os níveis de estrogênio estão mais baixos, o que significa que você estará mais suscetível à osteoporose.

Os alimentos ricos em fitoestrogênio, já mencionados, podem ter efeitos semelhantes nos ossos, como o estrogênio. Portanto, a ingestão esses alimentos pode ser benéfica para seus ossos, assim como para os sintomas da menopausa. Para ajudar a diminuir a perda óssea depois da menopausa é preciso consumir doses adequadas de cálcio, vitamina D, magnésio e zinco. Vamos examinar agora quais alimentos fornecem esses nutrientes.

Construtores de ossos

O cálcio fortalece os ossos. É recomendado que as mulheres na pós-menopausa consumam em torno de 1.500 mg de cálcio diariamente. As fontes mais ricas de cálcio são os laticínios, principalmente o leite de baixo teor de gordura, o queijo duro magro e o iogurte. Sardinha enlatada é uma boa fonte, isto é, se você comer as espinhas. As amêndoas, sementes, tofu, soja, algas, figos, tâmaras, damascos secos, castanha-do-pará, brócolis roxos, agrião, alho-poró, pastinaca, lentilha e feijões, e verduras de folhagem verde, tais como a couve, são bons provedores de cálcio não animal.

A vitamina D é essencial para a absorção do cálcio. É produzida pelo corpo pela exposição ao sol. Margarinas, cereais e leite em pó geralmente são fortificados com vitamina D. Outras fontes incluem o fígado de peixes gordos. A dosagem diária recomendada é entre 400 e 800 IU.

O magnésio ajuda na conversão da vitamina D para a forma ativa necessária para assegurar a absorção do cálcio, ajudando assim a manter a densidade óssea. Nozes, cereais integrais e verduras de folhagem verde-escura são boas fontes de vitamina D. Em torno de 60% do magnésio de seu corpo é armazenado em seus ossos.

O zinco estimula a formação dos ossos e é encontrado na carne, cereais integrais, laticínios, nozes e sementes.

Borrife um pouco de vinagre comum em verduras de folhagem verde-escura para aumentar a absorção do cálcio que elas contêm. Tomar uma colher (sopa) de vinagre de cidra com mel em água morna uma ou duas vezes ao dia também é recomendado para aumentar a absorção de cálcio. Bactérias "boas", probióticos tais como o *Lactobacillus*, melhoraram a absorção de cálcio. Existem muitos alimentos e bebidas com probióticos no mercado, mas são de alto custo — o bio-iogurte vivo natural é uma boa fonte, relativamente barata. A ingestão de alimentos prebióticos tais como cebola, tomate, alho-poró, alho, pepino, aipo e banana nutre e encoraja o crescimento de probióticos nos intestinos. Não se esqueça, o cálcio é encontrado na água, principalmente em regiões de água dura* e em algumas águas engarrafadas.

> **Observação**
>
> É recomendável que sua ingestão diária de cálcio não exceda mais de 2.000 a 2.500 mg. Uma dosagem mais alta pode interferir com a absorção de outros minerais, tais como o ferro, e gerar outros problemas.

---

* *Dureza da água* é a propriedade relacionada com a concentração de íons de determinados minerais dissolvidos nessa substância. A dureza da água é predominantemente causada pela presença de sais de cálcio e magnésio, de modo que os principais íons levados em consideração na medição são os de cálcio (Ca2+) e magnésio (Mg2+). Eventualmente também o zinco, estrôncio, ferro ou alumínio podem ser levados em conta na aferição da dureza da água.

Não exagere nas proteínas

Muitos nutricionistas argumentam que uma dieta com alimentos proteicos demais podem aumentar o risco de osteoporose. Isso acontece porque as comidas proteicas formam ácidos que seu corpo neutraliza com minerais alcalinos, inclusive o cálcio de seus ossos. Quanto mais proteína você ingerir, de mais cálcio irá precisar. Também acredita-se que o sal suga o cálcio dos ossos. Portanto, não exagere nas comidas ricas em proteína ou sal. Ingira bastante alimentos alcalinos, por exemplo, frutas e verduras, iogurte natural, castanha-do-pará, sementes e amêndoas.

Consuma bebidas alcoólicas com moderação

Beber com moderação pode estimular os níveis de estrogênio no sangue e melhorar a resistência dos ossos. Porém, ingerir mais que o recomendado de 14 doses de bebida alcoólica por semana pode diminuir o cálcio dos ossos, reduzir sua absorção e prejudicar a formação dos ossos.

Evite tomar muito café

Tomar mais que três a quatro xícaras de café por dia pode ter um impacto negativo na saúde de seus ossos. Estudos sugerem que uma ingestão diária de 300 mg de cafeína pode levar à perda de cálcio e magnésio pela urina. A xícara média de café instantâneo ou coado contém cerca de 75 mg de cafeína. Uma caneca contém em torno de 100 mg — um café expresso pode ter até 150 mg.

Esqueça o refrigerante

Evite refrigerantes, tais como as colas e as limonadas, já que contêm fosfatos, que bloqueiam a absorção do cálcio e podem também acionar sua liberação dos ossos. Experimente tomar água pura (ou água de coco) no lugar.

Suplementos de cálcio

É sempre melhor obter vitaminas e minerais essenciais pela alimentação, mas se estiver preocupada por não consumir comidas ricas em cálcio em quantidade suficiente, considere tomar um suplemento de cálcio. Evite suplementos que contenham carbonato de cálcio, já que podem aumentar suas chances de desenvolver pedras nos rins. Em vez disso, opte por aqueles que contenham citrato de cálcio, que é absorvido mais facilmente, e que também contenham vitamina D.

> **Observação:**
>
> Não exceda a quantidade de 2.500 mg/dia, já que isso pode aumentar o risco de pedras nos rins e interferir na absorção de minerais como o ferro.

Outros fatores de risco

A osteoporose é também chamada de "doença silenciosa" porque a maioria das pessoas com essa condição não está ciente de que a possui. Portanto, conhecer os fatores de risco é importante. O impacto do climatério e da alimentação sobre os ossos já foi comentada. Outros fatores de risco para a osteoporose são:

- Ser mulher (já que afeta uma entre três mulheres).
- Enfrentar a menopausa precoce ou prematura.
- Possuir ossatura pequena ou estar abaixo do peso.
- Levar uma vida sedentária.
- Ter um histórico familiar de osteoporose.
- Ter mais de 65 anos.
- Alguns medicamentos, tais como os corticosteróides, antiepilépticos e tranquilizantes podem aumentar seu risco.

Exame ósseo

Se estiver preocupada por pertencer ao grupo de risco, ou se fraturou um osso depois da menopausa, é aconselhável consultar seu médico para ver se deve fazer um exame de DEXA (absorciometria de feixe duplo) ou de densitometria óssea, para verificar a densidade de seus ossos. Um sinal óbvio de perda óssea é uma diminuição de peso.

Mais informações podem ser obtidas junto à Federação Nacional de Associações de Combate a Osteoporose, Fenapco

(Federação Nacional de Pacientes de Osteoporose), Sociedade Brasileira de Densitometria, Sobrao — Sociedade Brasileira de Osteoporose, Sobemom — Sociedade Brasileira de Estudos do Metabolismo Osteomineral, e SBR-Sociedade Brasileira de Reumatologia, ou pelos sites: http://www.abc.med.br/p/osteo porose+o+que+fazer+para+preven-38563.html, e http://www.abc.med.br/p/osteoporose+o+que+e+-38403.html.

Prevenção contra o sal

O consumo elevado de sal está vinculado à pressão alta do sangue, o que aumenta o risco de doença coronária e derrame. O excesso de sal também pode levar à osteoporose, assim como a câncer de estômago, úlceras e problemas nos rins. É recomendado que não superemos uma dose maior de 6 g de sal por dia, mas isso pode ser difícil se você consome muitos alimentos processados ou pré-embalados. Embutidos, bacon e queijos duros são exemplos de alimentos salgados. Alguns cereais matinais podem ter teores elevados e preocupantes de sal. Muitos sanduíches pré-embalados contêm entre 2,5 e 4 g de sal. Algumas latas de 400 g de sopa contêm 4 g. Comidas congeladas e sopas desidratadas também apresentam teor elevado de sal. O melhor jeito de cortar o sal de sua dieta é consumir refeições preparadas e feitas em casa, usando pouco ou nenhum sal. Experimente usar ervas, tais como o manjericão e o alecrim, e especiarias como o alho, o gengibre e as pimentas para realçar o sabor de seus pratos. Suco de lima e de limão dá um sabor gostoso quando adicionado a refogados e pratos com peixe. Alimentos enlatados que contêm salmoura devem sempre ser enxaguados e depois escaldados antes de serem consumidos.

Leia o rótulo

Se você precisa consumir comidas processadas e refeições prontas, verifique o rótulo e escolha aquelas com não mais de 0,3 g de sal por 100 g do alimento. Existem versões com menor teor de sal, inclusive sopas, molhos, enlatados, *ketchup* etc.

> **Observação**
>
> Muitos fabricantes de alimentos relacionam o conteúdo de sódio, que deve ser multiplicado por 2,5 para se obter a quantidade de sal. Geralmente informa-se o conteúdo de sódio ou de sal por 100 g, o que novamente envolve contas para se chegar à quantidade total no produto. Veja o alerta do site http://www.nutricaosadia.com.br/2010/04/empanados-de-frango-apresentam-teores.html.

> **Codinome sal**
>
> O sal aparece sob muitos disfarces. Produtos com algum desses ingredientes possuem um alto teor de sal: glutamato monossódico, fosfato dissódico, salmoura, sal de alho, sal de cebola, benzoato de sódio, alginato de sódio, hidróxido de sódio, caseinato de sódio, nitrato de sódio, pectinato de sódio, propianato de sódio, sulfito de sódio, molho de soja, fermento em pó e bicarbonato de sódio.

33. ALIMENTE-SE DE MANEIRA ADEQUADA PARA ALIVIAR A CISTITE

Muitas mulheres sofrem de cistite com mais frequência tanto na pré-menopausa como na pós-menopausa. Os níveis mais baixos de estrogênio levam a um afinamento da uretra e do revestimento da vagina e à produção de menos muco vaginal, o que torna as infecções mais prováveis.

A cistite normalmente vem de uma infecção bacteriológica, causando inflamação no revestimento da bexiga e da uretra. Os sintomas incluem: vontade mais frequente de urinar —, mesmo quando a bexiga está vazia, ocorre uma queimação e uma sensação de ardor quando a urina passa pelo canal da uretra; dor no baixo-ventre e urina escura, turva e de cheiro forte. Em casos graves, pode haver sangue na urina, febre e uma sensação de mal-estar.

Acredita-se que vários alimentos e bebidas ajudem na prevenção e tratamento da cistite:

- O alho tem um efeito antibiótico, ajudando a controlar as bactérias causadoras da cistite, tais como a E. coli e os estafilococo.
- O bio-iogurte natural contendo *Lactobacillus acidophilus* é útil, pois introduz bactérias benéficas nos intestinos, incentivando a imunidade e ajudando o corpo a resistir à infecção. Pode ajudar também a promover um equilíbrio saudável de boas bactérias na bexiga. Quando aplicado na vagina, acredita-se que ajude a restaurar o equilíbrio do ph natural.

- Melancia e aipo têm um suave efeito diurético que pode ajudar a expulsar as bactérias da bexiga.
- Tomar suco de *cranberry* pode ajudar tanto a prevenir como tratar a cistite. O *cranberry* contém antocianinas, poderosos antioxidantes com propriedades antibacterianas. Os taninos do *cranberry* evitam que bactérias se liguem às membranas da mucosa da bexiga e da uretra e se multipliquem, ajudando assim a prevenir as infecções do trato urinário. É possível encontrar produtos com essa fruta nas lojas do Mundo Verde — www.mundoverde.com.br
- Tente beber um copo grande de água com uma colher de chá de bicarbonato de sódio dissolvido, três vezes ao dia, até que os sintomas melhorem. A urina fica menos ácida, o que reduz a sensação de queimação, inibindo o crescimento de bactérias perigosas.
- Um chá feito com água fervente sobre duas colheres de chá de tomilho fresco, um antibacteriano, também é recomendado.
- Evite tomar muito chá, café e bebidas alcoólicas, já que podem irritar a bexiga.

Se os sintomas persistirem ou você notar sangue em sua urina, consulte o médico. Para obter mais dicas práticas de como prevenir e tratar a cistite, veja o tópico 39. Coloque um ponto final na cistite, no Capítulo 5 — Mais Dicas para uma Menopausa Mais Saudável.

A alimentação na menopausa

Para recapitular, uma dieta saudável e equilibrada contendo frutas, verduras, legumes, cereais integrais, nozes e sementes, com pequenas quantidades de laticínios de baixo teor de gordura, ovos, peixes gordos, carnes magras e óleos insaturados, pouco sal, açúcar e gordura saturada, ajudará a reduzir os sintomas da menopausa e garantir uma velhice saudável. Não é preciso privar-se de tudo. Você pode se permitir uma taça de vinho tinto, uma xícara de chá ou um pouco de chocolate puro, sabendo que contêm componentes benéficos.

Se tiver um orçamento apertado, concentre-se em ingredientes mais em conta, porém nutritivos, tais como legumes, batatas, arroz integral, aveia, pão e massas de farinha integral. Ovos, feijões, ervilhas, sardinha e atum enlatados são fontes baratas de proteína e outros nutrientes. Esses alimentos podem formar a base das refeições da família: refogados rápidos, caldos, cozidos e massa, além de ajudar a evitar o ganho de peso e assegurar que você tenha uma aparência melhor. Veja o Capítulo 7 — Tenha uma Aparência Mais Jovem, para saber como os alimentos que você come podem beneficiar sua aparência.

34. PROCURE AJUDA NAS ERVAS

Várias ervas, muitas das quais contêm fitoestrogênios, têm sido tradicionalmente usadas para reduzir os sintomas da menopausa. Contudo, em alguns casos, a evidência é apenas incidental. Algumas mulheres beneficiam-se de tomar fitoestrogênios, outras — cerca de 50% — não, porque não conseguem metabolizá-lo nos intestinos. Provavelmente o melhor conselho é tentar um remédio de ervas durante três meses e, se não notar nenhum benefício, deixe de tomá-lo. É importante lembrar que, só porque algo é natural, não significa necessariamente que seja seguro, pois muitas plantas são venenosas para os humanos. Remédios de ervas são medicamentos e, como tal, podem ter efeitos adversos. Também podem interagir com outros medicamentos. Sempre informe seu médico se estiver tomando medicamentos fitoterápicos.

Janet Brockie, enfermeira especialista em menopausa no Hospital John Radcliffe, de Oxford, na Inglaterra, diz: "A questão importante é a eficácia dos remédios alternativos e o potencial de perigo. Isso inclui os efeitos colaterais, mas também os malefícios, porque um tratamento alternativo, em vez de um tratamento ortodoxo conhecido e eficiente, pode deixar de ser efetivo. Um exemplo disso são mulheres com risco de osteoporose pensarem que estão protegendo seus ossos ingerindo soja, ou mulheres que acreditam que o creme de progesterona protegerá o revestimento de seu útero, embora elas também estejam tomando estrogênio."

Acrescenta, ainda: "Devemos ser cautelosos ao reclamar dos produtos alternativos, pois às vezes não há nada que prove o contrário porque pesquisas não foram realizadas. Isso quer dizer que, quando não há provas sobre a eficácia de um tratamento alternativo, não significa que ele não seja seguro ou efetivo. Não temos bases para afirmar isso, mesmo assim é melhor ter em mente que podem ser nocivos. Infelizmente a medicina tradicional conta com uma maior infraestrutura para pesquisas do que a medicina alternativa."

> **Primeiro a segurança**
>
> Alguns produtos de balcão não são registrados. Isso quer dizer que não há garantia de seu conteúdo nem de sua qualidade. Na União Europeia entrará em vigor em abril de 2011 uma nova lei sobre medicamentos cujos níveis de segurança serão mais altos. Certifique-se de comprar produtos de uma empresa de renome. Em caso de dúvida, consulte seu médico ou o farmacêutico. Ou vá até o site da Agência Nacional de Vigilância Sanitária, http://www.anvisa.gov.br/legis/index.htm

Agnus castus

O agnus castus é derivado das bagas do agnocasto ou alecrim-de-angola, como é conhecido no Pará, um arbusto nativo da Ásia ocidental e sudoeste da Europa, que foi introduzido na Inglaterra no Séc. XVI. É usado há muito tempo para aliviar a TPM e sintomas da menopausa. Diz-se que equilibra os hormônios femininos, estimulando a glândula pituitária, que produz e regula o nível hormonal, ajudando a combater os calores e os suores noturnos. No entanto, não existe nenhuma evidência sobre os benefícios de seu uso.

Cohosh preto

O cohosh preto, ou cimifuga racemosa, ou ainda erva-de-são--cristóvão, é um membro da família dos ranúnculos que cresce na América do Norte, onde é largamente usado pelos nativos para tratar problemas ginecológicos. Alguns médicos brasileiros também costumam prescrevê-los para o tratamento dos sintomas da menopausa. Acredita-se que tenha propriedades estrogênicas e que seja particularmente efetivo no tratamento das ondas de calor e depressão.

Estudos mostram que o cohosh preto pode reduzir as ondas de calor e os suores noturnos. Alguns vinculam seus efeitos às suas ações estrogênicas, outros à sua capacidade de baixar os níveis dos hormônios luteinizantes, que se elevam na menopausa. Um estudo feito nos Estados Unidos sugere que ele influencia a temperatura do corpo ao atingir os receptores de serotonina. Na Alemanha, a Comissão E, um comitê de especialistas constituído para avaliar a segurança e a eficácia dos remédios à base de ervas, recomenda o cohosh preto para combater os sintomas do climatério durante seis meses.

As evidências estão longe de serem conclusivas, mas há controvérsias sobre a segurança, no longo prazo, do cohosh preto, por causa das alegações de um possível elo com problemas do fígado. Como precaução, talvez seja melhor evitar usá-lo se sofrer de problemas do fígado ou se notar quaisquer sinais de danos hepáticos (cansaço, perda de apetite, amarelecimento da pele e dos olhos, dor de estômago com náusea e vômito, urina escura). Consulte também o seu médico ou farmacêutico antes de tomar o cohosh preto se tiver fazendo uso de uma medicação prescrita, tais como amiodarona ou carbamazepina, que podem ter um efeito tóxico sobre o fígado quando combinados com o cohosh preto.

Dong quai

Dong quai, ou angélica chinesa, é uma erva nativa da China, onde é largamente usada para problemas ginecológicos e como tônico feminino. Afirmam que reduz as ondas de calor e a secura vaginal, e melhora o humor, mas existe pouca evidência clínica sobre sua eficácia. Os tradicionais ervanários chineses argumentam que o dong quai trabalha de maneira sinérgica, portanto é mais efetivo quando combinado com outras ervas.

O dong quai pode aumentar a tendência ao sangramento, portanto evite usá-lo com remédios anticoagulantes. Também pode aumentar a sensibilidade ao sol e afetar as ações de algumas drogas, por exemplo, antidepressivos e corticosteroides.

Óleo de prímula

O óleo de prímula é recomendado com frequência para reduzir as ondas de calor, os suores noturnos e outros sintomas da menopausa. É rico em ácidos graxos ômega-6, que são vitais para vários processos do corpo, inclusive a reprodução. Há poucas evidências de que ajude a impedir as ondas de calor durante o dia, mas há provas de que pode cortar os suores noturnos. No entanto, um estudo mostrou que não era melhor que um placebo para o alívio dos calores e dos suores noturnos. São necessários três meses para que se notem quaisquer benefícios. Se até então você não notar nenhuma redução dos sintomas, talvez seja melhor suspender o uso, a menos que esteja tomado sob prescrição médica.

Funcho

Tanto a planta como as sementes do funcho, ou erva-doce, ou ainda anis-doce, como também é conhecido, têm um efeito benéfico sobre os níveis de progesterona do corpo. Seu sabor acrescenta um toque interessante à comida. Pode ser comido cru. Fatie-o bem fininho e adicione a saladas, ou doure-o no azeite de oliva, tornando-o um acompanhamento saboroso para o frango. Remova primeiro a dura camada externa. As sementes de funcho acompanham bem peixes gordos, como a cavala, o salmão e arenque. Uma boa alternativa é tomar chá de erva-doce, uma infusão feita das sementes de funcho.

> **Observação**
>
> O funcho não é recomendado para portadores de epilepsia.

Ginseng

O ginseng é uma erva nativa da Coreia e da China. É usada comumente para ajudar as pessoas a lidar com o estresse. Acredita-se que ajuda a equilibrar os hormônios, atuando sobre as glândulas adrenais. Existem evidências de que pode estimular o bem-estar e reduzir a depressão durante e depois da menopausa.

Há poucos casos registrados de sangramento pós-menopausa em relação à ingestão de ginseng, assim como interações com álcool, warfarina e alguns antidepressivos.

Raiz de alcaçuz

A raiz de alcaçuz é a segunda erva mais prescrita na medicina fitoterápica chinesa e os norte-americanos tradicionalmente a usam para distúrbios menstruais e do parto. Contém dois tipos menos comuns de fitoestrogênios — triterpenoides e cumarinas

— e acredita-se que tenha um efeito balanceador sobre os hormônios femininos. Contudo, não existe atualmente nenhuma evidência científica, apenas incidental, que demonstre sua eficácia.

> **Observação**
>
> A Comissão E, da Alemanha, adverte as mulheres grávidas, aquelas com distúrbios do fígado ou do rim e as que tomam medicamentos com corticosteroides ou ciclosporina, contra o uso da raiz de alcaçuz. Ela contém uma substância chamada glicirizina que, em grandes quantidades, pode aumentar a pressão do sangue, mas você pode comprar produtos contendo DGL (alcaçuz deglicirrizinado).

Maca

A maca é uma erva peruana conhecida há mais de 3 mil anos, a qual se acredita que estimule a glândula pituitária para produzir hormônios sexuais. É sabido que reforça a energia, estimulando as glândulas adrenais, assim como acredita-se que reduz os sintomas da menopausa. No Peru, onde cerca de 2% das mulheres fazem TRH, é largamente usada para incentivar a libido e reduzir as ondas de calor. Existem poucas evidências científicas que apoiem tais alegações, mas a maca é rica em fitonutrientes, minerais, aminoácidos e ácidos graxos e, como tal, vale a pena tomá-la como um tônico geral.

Salsa

A salsa contém fitoestrogênios. Usada regularmente, pode aliviar os sintomas da menopausa. Existem relatos de que tomar uma infusão de salsa alivia a cistite. Verta água fervente sobre 10 g (duas colheres de chá) de salsa fresca, ou 5 g (uma colher de chá) de seca. Cubra e deixe descansar por dez minutos. Coe e adoce com mel se for o caso. Beba ainda quente.

Cravo vermelho

Essa florzinha silvestre bastante comum despertou recentemente muito interesse por causa de seu alto conteúdo de isoflavonas. Como a soja, contém todos os quatro tipos de isoflavona, e acredita-se que reduza as ondas de calor assim como diminua a perda óssea nas mulheres após a menopausa. Alguns estudos concluíram que o cravo vermelho reduz a frequência dos calores em até 50% e a severidade dos mesmos em até 44%. No entanto, outras não relatam quaisquer benefícios; isso pode acontecer porque algumas mulheres não conseguem metabolizar os fitoestrogênios.

Sálvia

Tome chá de sálvia. A sálvia é um membro da mesma família da hortelã, tradicionalmente mastigada ou bebida como chá pelas mulheres mediterrâneas para aliviar os sintomas da menopausa. É levemente estrogênica e tem um efeito adstringente, antiperspirante, tornando-a efetiva na redução das ondas de calor e suores noturnos. A Comissão E da Alemanha aprova o uso da sálvia para a transpiração excessiva. Você pode plantá-la em seu jardim ou comprá-la já crescida nos supermercados. Para fazer o chá de sálvia, verta água fervente sobre três ou quatro folhas picadas na hora ou uma colher (chá) de sálvia seca. Você também pode adicionar a sálvia a ensopados, cozidos e massas.

Como alternativa, use quinze gotas de tintura de sálvia. A sálvia também é tradicionalmente usada para melhorar a memória. Estudos mostram que ajuda a proteger os níveis de acetilcolina, uma substância química do cérebro atuante na memória e no aprendizado, portanto pode ajudar a evitar o Alzheimer. Se você não gosta do sabor da sálvia, pode tomar 400 mg diariamente na forma de comprimido ou cápsula.

Respostas aiurvédicas

O nosso conhecido aspargo, ou Shatavari, que quer dizer "a mulher que tem uma centena de maridos", é uma erva indiana usada na medicina aiurvédica como um tônico feminino. Acredita-se que equilibra os hormônios, acalmando as ondas de calor e estimulando o humor e os níveis de energia. Estudos usando animais demonstraram suas propriedades adaptogênicas. Você pode comprar Shatavari e Shatavari Plus, produtos que também contêm agnus castus, rosa, cúrcuma, gengibre, salsaparrilha e outras ervas aiurvédicas por meio do site www.portalindia.com.br/. Essa companhia também produz o Harmonise Tea, um chá de ervas que mistura Shatavari, rosa, baunilha, camomila e hibisco, que dizem ajudar e proteger a saúde da mulher.

Erva-de-são-joão

A erva-de-são-joão, ou hipérico, conhecida muitas vezes como o "Prozac natural", é amplamente usada por suas qualidades antidepressivas e pode valer a pena experimentá-la se você sofrer de mau humor durante a menopausa. Pesquisas mostram que essa erva é tão efetiva quanto antidepressivos suaves no tratamento da depressão de leve a moderada. Acredita-se que funcione aumentando os níveis de substâncias químicas no cérebro, ligadas ao humor, inclusive a serotonina.

> **Observação**
>
> Se estiver tomando qualquer tipo de medicamento, converse com seu médico ou farmacêutico antes de usar a erva-de-são-joão, já que ela pode reagir com várias drogas prescritas, inclusive antiepilépticos, com a warfarina e o antibiótico tetraciclina. Ela também pode aumentar a sensibilidade à luz do sol.

Estragão

Um chá feito de estragão possui propriedades calmantes e sedativas que ajudam a promover o sono.

5HTP

O 5-hidroxitriptofano — 5 HTP — é o precursor da serotonina, a "substância química da felicidade", e é recomendada se você sofre de depressão ou problemas com sono. Segundo estudos clínicos, o 5 HTP é tão efetivo como o Prozac no tratamento da depressão, com poucos efeitos colaterais. Estimula o humor, aumentando os níveis de serotonina, e auxilia o sono, elevando os níveis da melatonina, o hormônio indutor do sono. Geralmente os suplementos contendo o 5 HTP são feitos das sementes da planta *griffonia*, da África Ocidental.

35. TOME SUPLEMENTOS E REMÉDIOS FITOTERÁPICOS

O segredo para aliviar os sintomas do climatério é manter uma dieta saudável contendo alimentos ricos em fitoestrogênios, fazer muito exercício e administrar os níveis de seu estresse. Contudo, combinações de ervas e vitaminas permitem que você absorva uma série de ingredientes de uma forma conveniente. Alguns estudos mostram que tais fórmulas podem ser úteis na redução dos sintomas da menopausa, embora existam controvérsias sobre a suplementação com vitaminas e minerais, já que alguns especialistas argumentam que devemos obter os nutrientes recomendados na nossa alimentação. Minha sensação é de que *é* melhor manter uma alimentação saudável que contenha todos os nutrientes essenciais, mas, por várias razões, nem todo mundo consegue atingir esse objetivo. Portanto, às vezes recorrer a um suplemento de vitamina e/ou minerais pode ser benéfico. Relacionados abaixo estão algumas das formulações comerciais disponíveis atualmente, com uma visão geral dos principais ingredientes e possíveis benefícios. Encontram-se disponíveis em farmácias e online. No entanto, tenha sempre em mente que nenhuma mulher deve tomar essas substâncias sem antes ter feito exames clínicos das mamas e sem a autorização de um médico.

Cohosh preto (Cimicifuga racemosa) — Alguns estudos clínicos confirmam que o uso do cohosh preto é eficaz para melhorar os sintomas da menopausa, embora algumas mulheres não tenham demonstrado nenhuma melhora. Estudos alemães recentes demonstraram que o cohosh preto melhorou os sintomas físicos e psicológicos da menopausa, incluindo ansiedade, suores noturnos e secura vaginal. Tendo em conta os resultados da maioria dos estudos clínicos, muitos especialistas concluem que o cohosh preto pode ser uma alternativa segura e eficaz para as mulheres que não podem ou não desejam uma terapia de reposição hormonal (TRH) para a menopausa.

Glicyne Max — A soja é uma espécie de leguminosa (*Glycine max L.*) proveniente do sudoeste asiático, sendo um produto 100% vegetal. Pelas suas características funcionais e pelo seu elevado teor de proteína, o isolado proteico de soja é muito utilizado no tratamento dos sintomas da menopausa. Nomes populares: fava-da-manchúria, feijão-chinês e feijão-soja.

Menopace — Complexo de vitaminas B, zinco, magnésio, vitaminas C, D e E e extrato de isoflavona de soja. Essa formulação reduz o estresse, estimula a saúde dos ossos e do coração e reduz os sintomas da menopausa, tais como os calores.
Encontrado no site: http://www.sweetcare.pt/menopace-suplemento-os-sintomas-da-menopausa-p-SA0041MN.aspx

Previna — Do laboratório Sanavita, é uma alternativa natural, segura e eficaz, que reúne em uma única porção os benefícios das proteínas e isoflavonas de soja com cálcio, nutrientes importantes para a fase do climatério. O Previna é o único alimento no mercado com eficácia comprovada em estudos no Hospital das Clínicas da Faculdade de Medicina da USP e Unicamp.
Você encontra vários remédios homeopáticos e manipulações em várias farmácias do ramo.

E também suplementos e vitaminas em sites, entre outros:
http://www.suplementosonline.com.br/produtos.asp?tipo_busca=subcategoria&codigo_categoria=4&codigo_subcategoria=32
http://www.viladasaude.com.br/capsulas.htm
http://loja.tray.com.br/loja/loja.php?loja=44069

Pro-Gest, ou creme de progesterona — Um creme de progesterona "natural" para ser massageado na pele. A terapeuta nutricional Marilyn Glenville argumenta que, depois da menopausa, seu corpo não precisa de progesterona. Então, se não há produção, por que tomá-la? Ela também salienta que embora o creme seja produzido a partir da diosgenina do inhame selvagem, os processos químicos envolvidos significam que não é "natural". Contudo, em testes clínicos, as mulheres usando creme de progesterona sofreram de menos ondas de calor. Se nada mais funcionar, vale a pena experimentá-lo.

http://www.americanlifestyle.com/theproducts.cfm?cat=2&master=9626&owner=739&subcat=187

TRH Natural — Soja, cravo vermelho, agnocasto, vitamina E, cohosh preto, dong quai, inhame selvagem ou cará, cromo, vitamina B12. Esse misto pode aliviar os calores, equilibrar o humor e aliviar a secura vaginal.

Trifolium pratense (trevo vermelho) — Planta silvestre que contém isoflavonas e tem demonstrado enorme potencial no tratamento de uma série de situações associadas com a menopausa, saúde cardiovascular e a osteoporose.

Vitamina C-1000 com bioflavonoides — Tomar vitamina C com bioflavonoides em comprimidos tem mostrado reduzir a incidência de ondas de calor. Acredita-se que os bioflavonoides sejam semelhantes em estrutura ao estrogênio. A vitamina C também ajuda no funcionamento das glândulas adrenais, que produzem androstenediona, a precursora da estrona.

Confira pelo site: http://www.lojadasvitaminas.com/Vitaminas%20VitC+Biofla.html

Ymea — Uma combinação de soja, lúpulo e melão amargo. As isoflavonas da soja e do lúpulo podem reduzir os calores e ajudar a proteger contra a osteoporose. O melão amargo contém antioxidantes, que podem reduzir sinais visíveis de envelhecimento. Produto similar encontrado pelo site: http://farmais.net/ymea-silhouett

CAPÍTULO 5

Mais Dicas para uma Menopausa Mais Saudável

Este capítulo oferece dicas práticas para ajudá-la a reduzir o risco de desenvolver qualquer dos três "vilões" vinculados à menopausa — doenças cardiovasculares, câncer de mama e osteoporose. Há também detalhes de fatores de risco, assim como exames simples de saúde que podem ajudar a detectar um risco maior ou sinais prematuros de doenças. Além disso, você encontrará sugestões para ajudá-la a lidar com outros problemas de saúde associados à menopausa, inclusive enxaqueca, cistite, incontinência urinária e insônia.

Abra o coração

Pesquisas mostram que passar pela menopausa mais que duplica o risco de desenvolver doenças cardiovasculares, um termo coletivo para doenças do coração e das artérias, isto é, moléstias coronarianas e derrame que é causado pela aterosclerose. A aterosclerose, ou endurecimento das artérias, surge de uma consolidação de depósitos de gordura (colesterol LDL) nas paredes das artérias. Acredita-se que isso se deva em parte aos níveis mais baixos de estrogênio. É opinião dos especialistas que o estrogênio protege o coração e reduz os níveis de colesterol ruim, o LDL, durante os anos férteis. Mas o estilo de vida também representa um papel importante. Os principais riscos são o estresse, fumar, beber em excesso, uma dieta alimentar pobre, ganho de peso — principalmente no abdômen — e uma vida sedentária.

Peça ao seu médico para solicitar exames de sangue a fim de verificar seu nível de colesterol. Meça a sua pressão arterial com regularidade também, já que se acredita que esta seja a responsável por cerca de metade de todas as doenças coronárias.

Para outras informações, consulte o site do Ministério da Saúde, no endereço http://bvsms.saude.gov.br/html/pt/dicas/63saude_coracao.html

36. CAMINHE EM DIREÇÃO A UMA SAÚDE MELHOR

Estabeleça uma meta para encaixar caminhadas em sua rotina diária. Acredita-se que andar reduz as ondas de calor, pois ajuda a controlar o estresse. Também diminui o risco de outros problemas do coração vinculados à pós-menopausa; melhora a condição do sistema cardiovascular e reduz a pressão do sangue, o colesterol e a gordura do corpo, diminuindo assim o risco de derrames de ataques cardíacos. Além de a caminhada ser um exercício para controlar o peso, a atividade evita a osteoporose, estimulando seus ossos a manter uma estrutura mais forte. A caminhada e outras formas de exercício têm comprovado retardar o declínio mental associado à idade. Além disso, a caminhada regular reduz o risco de desenvolver câncer de mama e de cólon, diabete tipo 2 e fortalece seus músculos, assim como ajuda a prevenir o "avanço da meia-idade" — e não custa nada.

Maneiras de caminhar mais

Estacione seu carro longe do escritório ou das lojas, ou deixe-o em casa se for a um lugar dentro de uma distância razoável para ir caminhando. Suba e desça as escadas em vez de usar a escada rolante quando tomar o metrô. No ônibus ou no metrô, salte uma parada antes — embora, é claro, só faça isso durante o dia e evite locais isolados. Faça uma caminhada de quinze minutos durante seu horário de almoço em vez de ficar sentada à sua mesa. Em trajetos curtos, deixe o carro e ande. Em casa, ande enquanto fala pelo telefone sem fio ou pelo celular.

Procure associações que incentivam a caminhada ou busque orientação nos sites:

http://www.mulher.palpitedigital.com.br/caminhada-beneficios/

http://corpoacorpo.uol.com.br/Edicoes/194/artigo4960-1.asp

A Secretaria da Saúde de São Paulo tem incentivado a caminhada, principalmente no evento Agita Sampa. Veja mais atividades no site: http://www.prefeitura.sp.gov.br/cidade/secretarias/saude/atencao_basica/medicinas_tradicionais/index.php?p=20392

Procure informar-se sobre atividades semelhantes em sua cidade.

Passeador de cães

Arranje um cachorro ou ofereça-se para passear com o do vizinho. Você irá se beneficiar ao ser um passeador pessoal e preparador físico de cães! Pesquisas mostram que donos de cães fazem mais exercícios e estão mais em forma do que usuários de academias. Em média, um dono de cão anda 1.100 quilômetros por ano, comparado aos 750 quilômetros de um frequentador de academia. Donos de cães também desfrutam de pressão sanguínea ligeiramente mais baixa. Quando você tem um cachorro, tende a fazer mais exercício porque precisa exercitar seu bicho de estimação "chova ou faça sol", enquanto é mais provável que quem vai à academia fique em casa quando o tempo está ruim.

37. TOME CONTA DE SEUS SEIOS

É preciso saber como estão seus seios normalmente e ficar atenta às mudanças que possam ocorrer.

Segundo a Breast Cancer Care, da Inglaterra, não existe um modo padronizado de examinar seus seios, mas você deve

Autoexame das mamas

Lembre-se de que 80% dos nódulos mamários são benignos e apenas uma pequena porcentagem de secreções está relacionada ao câncer.

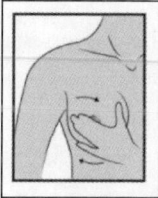

1. No chuveiro

Examine suas mamas durante o banho, pois as mãos escorregam mais facilmente sobre a pele molhada. Com a mão aberta, coloque os dedos indicador, médio e anular sobre a mama e deslize-os suavemente em movimentos circulares por toda a mama. Utilize a mão direita para examinar a mama esquerda e a mão esquerda para examinar a mama direita.

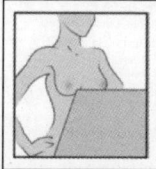

2. Diante do espelho

Inspecione suas mamas com os braços abaixados ao longo do corpo. Levante os braços, colocando as mãos na cabeça. Observe se ocorre alguma mudança no contorno da pele das mamas ou no bico. Repita a observação, colocando as mãos na cintura e apertando a mama.

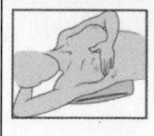

3. Deitada

Deite-se de costas sobre um travesseiro ou almofada. Coloque a mão direita atrás da cabeça. Com os dedos da mão esquerda, pressione suavemente a pele da mama direita, com movimentos circulares, como no exame feito no chuveiro. Agora, repita com a mão direita o exame da mama esquerda.

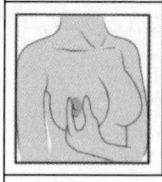

Finalmente, esprema o mamilo delicadamente e observe se sai qualquer secreção. A observação de alterações cutâneas ou no bico do seio, de nódulos ou espessamentos, e de secreções mamárias não significa necessariamente a existência de câncer, mas deve motivá-la a procurar esclarecimentos com o mastologista.

O que procurar?

- Caroços (nódulos).
- Abaulamentos ou retrações da pele e do complexo aréolo-mamilar (bico do seio).
- Secreções mamilares existentes.

Orientações

O autoexame permite perceber alterações nas mamas. Frente a qualquer sinal de alarme, procure um mastologista (médico especialista em mamas).

O autoexame deve ser realizado uma vez a cada mês, na semana seguinte ao término da menstruação. As mulheres que não menstruam devem fazer o autoexame no primeiro dia do mês.

A mamografia é o único método de detecção precoce. Portanto, peça sempre orientações a um médico especialista.

programar-se para fazer isso com regularidade seguindo estes cinco pontos-chave:

1. Saber o que é normal para você.
2. Saber que mudanças procurar e sentir.
3. Olhar e sentir.
4. Relatar quaisquer mudanças a seu médico sem demora.
5. Fazer exame de mamografia de rotina se tiver 50 anos ou mais.

Alertas:
Tamanho — Se um seio ficar maior ou menor.
Mamilos — Se um mamilo se torna invertido (encolhido) ou muda de posição ou forma.
Erupções — No seio ou em torno do mamilo
Prurido — Em um ou ambos os mamilos.
Alterações na pele — Vincos ou covinhas.
Inchaço — Sob a axila ou em torno das clavículas.
Dor — Contínua, em uma parte do seio ou da axila.
Calombo ou espessamento — Diferente do resto do tecido da mama.

Se detectar uma mudança em seus seios, procure não se preocupar, pois a maioria das mudanças não é câncer, mas consulte seu médico assim que puder.

Câncer de mama — Riscos

Já vimos para alguns dos fatores de risco para o câncer de mama: fazer TRH por cinco anos ou mais pode aumentar ligeiramente o risco, assim como a ingestão de bebidas alcoólicas — quanto mais você bebe, maior o risco. Outros fatores incluem:

- Idade — quanto maior a sua idade, maior o risco.
- A pílula anticoncepcional — aumenta ligeiramente o risco, mas tudo retorna ao normal gradualmente depois que você interrompe o tratamento.
- Estar acima do peso.
- Ter um membro próximo da família que tenha tido ou tenha câncer de mama aumenta seu risco, mas em nove entre dez casos não há histórico familiar da doença.
- Menstruação precoce e menopausa tardia — quanto mais tempo você tiver ciclos menstruais, maior seu risco.
- Quanto mais filhos você tiver e quanto mais jovem for ao concebê-los, menor é o seu risco, assim como amamentar.
- Como no caso de osteoporose e de moléstias cardiovasculares, uma alimentação saudável e ser fisicamente ativa pode reduzir seu risco de desenvolver câncer de mama.

38. ADMINISTRE A ENXAQUECA

Se você já sofre de enxaqueca, fique prevenida porque ela pode aumentar durante a menopausa devido às mudanças hormonais. Seguir as sugestões para administrar o estresse e fazer TRH natural pode ajudar a reduzir sua frequência, mas se nada do que fizer adiantar, tente algumas das alternativas a seguir:

- Experimente tomar diariamente comprimidos de matricária, ou artemísia, como também é conhecida. Pesquisas têm mostrado que essa erva é efetiva para evitar as enxaquecas. Como alternativa, você pode experimentar folhas frescas da erva. As folhas são mais amargas, portanto experimente umas duas por dia num sanduíche com mel. Você pode também comprar um pé de matricária e mantê-lo ao ar livre.
- Experimente tomar 200 mg de comprimidos de magnésio duas vezes ao dia. Estudos mostraram que o magnésio pode ajudar a evitar enxaquecas.
- Também existem evidências de que a vitamina B12 (riboflavina) reduza o número de vezes que a enxaqueca ataca quem é afetado pela doença. Entre as boas fontes de vitamina B12 estão o pão de trigo integral, o fígado, leite e iogurte de baixo teor de gordura, peixes como a cavala e ovos.
- 5 HTP — um suplemento mencionado no Capítulo 4 — Reposição Hormonal Natural, também pode ajudar a reduzir as enxaquecas se forem decorrentes de baixos níveis de serotonina, o hormônio vinculado ao humor.
- Se você sentir a enxaqueca chegando, tome um analgésico adequado assim que puder. Algumas pacientes

acham que analgésicos tais como o ibuprofeno, a aspirina e o paracetamol funcionam muito bem. Outras precisam tomar um medicamento especificamente indicado para tratar as enxaquecas, tais como os agonistas receptores de 5HT 1, que reduzem a espessura dos vasos sanguíneos em torno do cérebro — acredita-se que o inchaço temporário desses vasos sanguíneos seja a causa dos sintomas da enxaqueca. Esses medicamentos estão disponíveis sob receita médica e no balcão das farmácias. Contudo, tomar muitos analgésicos pode aumentar a incidência das enxaquecas.

- Tomar café ou refrigerantes à base de cola pode ajudar a curar uma enxaqueca. (Embora tais refrigerantes à base de cola não devam ser bebidos com frequência, já que têm um efeito nocivo sobre os ossos — veja o tópico 32. Mantenha seus ossos saudáveis, no Capítulo 4 — Reposição Hormonal Natural). Acredita-se que a cafeína que contêm maximize a eficácia dos analgésicos e também ajude a contrair os vasos sanguíneos em torno do cérebro. No entanto, cafeína demais pode acionar as enxaquecas.
- Deite-se num quarto quieto e escuro ou com uma bolsa térmica de gel fria ou quente — o que for melhor para você.
- Mastigue gengibre cru ou beba chá de hortelã para aliviar o enjoo. Evidências sugerem que o gengibre também previne ataques, bloqueando os efeitos das prostaglandinas — substâncias que podem inflamar os vasos sanguíneos no cérebro, levando à enxaqueca.

39. DÊ UM BASTA NA CISTITE

Para prevenir a cistite, use roupas íntimas de algodão em vez de fibras sintéticas, e evite calcinhas tipo fio dental, que podem introduzir bactérias na passagem do ânus para a vagina.

Aplique iogurte natural na vagina para aliviar o ardor e a sensação de queimação da cistite. Adicionar cerca de 50 ml de vinagre a seu banho ajuda a restaurar o equilíbrio do ph e inibir o crescimento bacteriano. Como alternativa, acrescente mais ou menos seis gotas de óleo de camomila a um banho quente para suavizar o ardor e a irritação. O óleo de melaleuca pode ser adicionado ao banho ou usado em uma ducha. Para preparar uma ducha, coloque duas gotas de óleo para 5 ml (uma colher de chá) de vodca, e depois dilua a mistura em uma caneca de água fervida e fria. Algumas mulheres sofrem dos sintomas da cistite sem a infecção. Normalmente isso é causado pela atrofia dos tecidos da vagina e um creme vaginal de estrogênio é muitas vezes o único jeito de tratar o problema de maneira efetiva. Consulte seu médico. Para mais informações sobre o que comer e beber para evitar a cistite, veja o tópico 33. Alimente-se de maneira adequada para evitar a cistite, no Capítulo 4 — Terapia Hormonal Natural. Se seus sintomas persistirem, ou se perceber sangue na urina, calafrios, vômitos ou dor nas costas na região lombar, procure sempre ajuda médica.

40. COMBATA A INCONTINÊNCIA URINÁRIA

A incontinência urinária se caracteriza pela perda involuntária de urina. Acredita-se que em torno de uma entre cinco mulheres por volta dos 50 anos sofram disso. Os níveis mais baixos de estrogênio podem ser responsabilizados, juntamente com idade, parto, histerectomia e estar acima do peso.

Exercícios para o assoalho pélvico podem ajudar em 75% dos casos. Um exercício fácil é conter o fluxo por um segundo durante o ato de urinar. Você também pode tentar contrair os músculos vaginais, das nádegas e do assoalho pélvico para cima e para baixo sempre que for se sentar.

> Mais informações podem ser obtidas nos sites abaixo:
> http://www.controleurinario.com.br/site/
> http://misodor.com/INCONTINURIA.php
> http://www.crde-unati.uerj.br/img_tse/v12n2/pdf/art_1.pdf

41. DURMA MAIS PROFUNDAMENTE

Durante uma pesquisa recente, oito entre dez mulheres na menopausa alegaram sofrer de perturbações do sono. Algumas não têm problema para adormecer, mas os suores noturnos as acordam durante a noite e elas demoram a dormir outra vez. Obviamente, você precisa tomar medidas para lidar com as ondas de calor primeiro (veja o tópico 25. Durma profundamente, no Capítulo 2 — Combata o Calor), mas, se mesmo assim tiver problemas para pegar no sono, eis aqui algumas estratégias que você pode experimentar:

- ❐ Saia durante o dia. A exposição à luz do sol estimula a produção da melatonina indutora do sono e promove sua liberação à noite.

- Certifique-se de que seu quarto esteja frio (em torno de 16ºC) e escuro. Uma temperatura reduzida do corpo diminui o metabolismo, tornando menos provável o acordar por causa da fome ou de calores, por exemplo. A escuridão estimula a produção de melatonina.
- Procure não ter televisão ou computador no quarto. Assistir à televisão ou usar um computador como última atividade à noite pode estimular seu cérebro em demasia, e as linhas brilhantes de ambos os aparelhos podem inibir a produção de melatonina.
- Evite tomar café ou refrigerantes à base de cola depois das duas da tarde, já que os efeitos estimulantes da cafeína podem durar por horas. Embora o chá contenha em torno de metade da quantidade de cafeína — cerca de 50 mg por xícara —, é melhor não abusar perto da hora de ir se deitar. Experimente substituir o café por chá de Rooibos, ou chá vermelho que é livre de cafeína. Você pode encontrá-lo no site: http://www.thegourmettea.com.br/index.html.
- Evite bebidas alcoólicas. Embora possam relaxá-la inicialmente e ajudá-la a cair no sono mais depressa, têm um efeito estimulante, fazendo com que você acorde mais durante a noite. Também são diuréticas, ocasionando mais visitas noturnas ao banheiro.
- Se ficar sem tomar uma bebida alcoólica não trouxer nenhuma melhora, uma taça de vinho Cabernet Sauvignon, Merlot ou Chianti na hora de dormir melhorar seus padrões de sono, porque todos eles são ricos no hormônio do sono, a melatonina.

- Ficar inativa o dia inteiro pode provocar inquietação e problemas de sono. O exercício pode ajudá-la a dormir mais profundamente, porque aumenta a temperatura e o metabolismo de seu corpo para diminuir poucas horas mais tarde, favorecendo o sono. Para se beneficiar, não se exercite no final da tarde e à noite.
- Escolha alimentos ricos em triptofano, um aminoácido usado pelo corpo para produzir serotonina, uma substância química do cérebro que induz a sonolência. Entre os alimentos ricos em triptofano estão banana, frango, peru, tâmaras, arroz, aveia, pães de trigo integral e cereais.
- Certifique-se de não estar nem faminta nem muito satisfeita quando for para a cama, já que ambas as coisas a deixam em estado de vigília.
- Tome um banho quente na hora de ir se deitar. O calor eleva sua temperatura ligeiramente e a queda da temperatura que se segue favorece o sono. Use algumas gotas de óleo essencial de lavanda ou camomila por suas propriedades relaxantes.
- Se o fato de se preocupar com problemas ou com uma agenda ocupada no dia seguinte a mantém acordada, experimente escrever suas preocupações ou um planejamento para o dia seguinte antes de ir para a cama.

CAPÍTULO 6

Terapias Complementares do Tipo "Faça Você Mesma"

A principal diferença entre terapias complementares, muitas vezes também conhecidas como terapias alternativas, naturais ou holísticas, e a medicina convencional ocidental é que a primeira abordagem concentra-se em tratar o indivíduo como um todo, enquanto a última é conduzida pelos sintomas. Os profissionais de saúde complementar enxergam a doença como um sinal de que o bem-estar físico e mental foi perturbado e tentam restabelecer a melhora da saúde estimulando o próprio poder curativo do corpo e as habilidades de se autorregular. Alegam que o bem-estar total pode ser alcançado quando a mente e o corpo estão em equilíbrio, chamado de homeostase. A homeostase é alcançada seguindo-se o estilo de vida advogado neste livro, isto é, uma alimentação saudável e muito ar fresco, exercício, sono e relaxamento, combinados com a administração do estresse e uma atitude mental positiva.

Diferentemente dos tratamentos com remédios, que são comparativamente recentes, as terapias complementares, como a aromaterapia, a massagem e a reflexologia usadas para tratar doenças e promover o bem-estar há milhares de anos.

Neste capítulo você encontrará uma breve visão geral das terapias complementares que podem estimular seu bem-estar durante a menopausa e mais além, além de técnicas e tratamentos simples para sintomas particulares, que você pode experimentar em casa.

42. APLIQUE A ACUPRESSÃO

A acupressão faz parte da tradicional medicina chinesa e é com frequência referida como "acupuntura sem agulhas". A acupuntura é baseada na ideia de que a energia vital, ou *qi*, flui através de canais no corpo conhecidos como meridianos. Uma passagem constante do *qi* através do corpo é vista como necessária para a boa saúde. A perturbação do fluxo do *qi* num meridiano pode conduzir à enfermidade em qualquer ponto ao longo dele. O fluxo do *qi* pode ser afetado por vários fatores do seu estilo de vida, inclusive estresse, desgaste emocional, alimentação e meio ambiente.

O *qi* é mais concentrado em pontos ao longos os meridianos conhecidos como acupontos. Usar os dedos para fazer uma pressão firme mas gentil nesses pontos estimula a habilidade natural do corpo de se autocurar. A tensão dos músculos é aliviada e a circulação estimulada, promovendo assim a boa saúde. A aplicação de pressão também estimula a produção de endorfinas, os analgésicos naturais do corpo. Estudos confirmam os benefícios de estimular os acupontos. As pesquisas mostram que aplicar pressão em um acuponto 5 cm acima da ruga do pulso mais perto da mão alivia o enjoo. A estimulação de acupontos usando a acupressão tem se comprovado efetiva para tratamento do alcoolismo e para a dor nas costas e no pescoço.

Alivie a ansiedade com a acupressão

Dizem que aplicar pressão em dois acupontos nos pés ajuda a aliviar a ansiedade e a insônia durante a menopausa.

Usando os dedos médio e indicador de sua mão *esquerda*, comprima com firmeza a depressão abaixo do osso do tornozelo na *parte interna* de seu tornozelo *direito* de um a três minutos. Repita usando sua mão *direita* para o seu tornozelo *esquerdo*.

A seguir, usando os dedos médio e indicador de sua mão *direita*, comprima a depressão do lado *externo* de seu tornozelo *direito*, logo abaixo do osso do tornozelo de um a três minutos. Repita com sua mão *esquerda* no tornozelo *esquerdo*.

> ### Mudanças à moda chinesa
>
> Estudos mostram que a acupuntura ajuda a aliviar vários sintomas do climatério, inclusive as ondas de calor, ansiedade, depressão e as dores e indisposições em geral. Ela vem sendo usada na medicina chinesa por mais de 5 mil anos e consiste na inserção de agulhas muito finas na pele para estimular os "acupontos" a fim de permitir o fluxo do *qi* ou força vital através do corpo. Acredita-se que as agulhas, quando inseridas na pele liberem as endorfinas, os analgésicos naturais do corpo. As pesquisas também sugerem que a acupuntura pode aumentar os níveis de estrogênio no

> corpo. A acupuntura não é algo que você possa tentar em casa. Consulte um profissional qualificado. Para encontrar um acupunturista qualificado e registrado perto de você, consulte o site da Associação Médica Brasileira de Acupuntura, no endereço: http://www.amba.org.br/v2/default2.asp.

A acupressão é definida como "acupuntura sem agulhas". Técnicas de acupressão que você pode tentar por si mesma são encontradas ao longo deste capítulo.

43. USE O PODER DOS AROMAS

Os óleos essenciais são extraídos por vários métodos das pétalas, folhas, ramos, raízes, sementes, nozes e mesmo da casca das plantas. A aromaterapia é baseada na crença de que, quando os perfumes liberados por óleos essenciais são inalados, afetam o hipotálamo, a parte do cérebro que regula as glândulas e os hormônios, alterando o humor e baixando os níveis de estresse. Quando usados em massagem, banhos e compressas, os óleos são também absorvidos através da pele para a corrente sanguínea e transportados para os órgãos e as glândulas, que se beneficiam de seus efeitos curativos. Dois estudos feitos recentemente sugeriram que os óleos essenciais, tais como os de néroli (ou óleo de flor de laranjeira, ou extraído da bergamota, também chamada de mexerica, tangerina ou ainda laranja-cravo), valeriana e lavanda, podem auxiliar o relaxamento e a acalmar. Em um estudo feito em 2005, mulheres com sintomas de menopausa que usaram óleos da aromaterapia e massagem relataram uma melhora em sua saúde física e mental.

Os óleos essenciais são altamente concentrados e geralmente precisam ser diluídos em um óleo de base, tais como os de amêndoa, germe de trigo ou semente de trigo, para evitar a irritação da pele. Compre sempre óleos da melhor qualidade que puder adquirir. Além disso, azeite de oliva, de girassol ou de gergelim de boa qualidade de sua cozinha também funcionam bem, principalmente se forem orgânicos. A concentração recomendada de óleos essenciais não deve passar de 2,5% para adultos. Uma colher (chá) (5 ml) de óleo de base é igual a 100 gotas. Portanto, como uma dosagem aproximada consiste de duas gotas de óleo essencial para cada 5 ml de óleo de base. Você encontrará óleos da aromaterapia na maioria de farmácias, ou online, em lojas virtuais e lojas de produtos naturais.

Óleos antidepressivos

A depressão é um problema para algumas mulheres durante a menopausa. Inúmeros óleos essenciais são recomendados por suas qualidades antidepressivas. Isso inclui os óleos de bergamota, rosa, sálvia, jasmim, ylang-ylang, néroli, lavanda e sândalo.

Rosas que animam

O óleo de rosa é um dos melhores e mais abrangentes estimuladores para ser usado na menopausa. Com seu aroma delicado e efeitos calmantes que melhoram o humor, além de equilibrar os hormônios, ele pode aguçar sua feminilidade e combater os sintomas da menopausa conforme os níveis de estrogênio forem diminuindo. Acredita-se que o óleo de rosa ajude a tonificar e limpar o útero, assim como confortar, levantar o humor e atuar como um afrodisíaco. Também é excelente para a pele envelhecida, tendo propriedades tonificantes e umectantes. Suaviza a pele sensível e ajuda a reduzir a vermelhidão associada às "aranhas vasculares" — dilatação permanente de vasos sanguíneos, criando pequenas lesões vermelhas na pele ou nas mucosas, estendidas como uma teia.

Óleo de cipreste

O óleo de cipreste é recomendado para ajudar a aliviar sangramentos intensos. Embora estes possam estar vinculados à menopausa, se o problema for persistente consulte seu médico para verificar se não há outras causas de fundo.

Óleos para equilíbrio dos hormônios

O óleo de gerânio é um equilibrador hormonal. Óleos de sálvia, funcho, estragão e anis-estrelado têm efeitos estrogênicos, tornando-se úteis conforme seu corpo se adapta aos níveis mais baixos de estrogênio. A sálvia também possui propriedades antiperspirantes e pode ajudar a reduzir as ondas de calor e os suores noturnos. Também é um afrodisíaco.

> **Observação**
>
> O óleo de funcho não é recomendado para portadores epilepsia.

Lavanda relaxante

Para alívio rápido do estresse, aspire o perfume da lavanda. Contém linalol, que se acredita estimula os receptores do cérebro para o GABA (ácido gama-aminobutírico), uma substância química do cérebro que induz à calma. Inalar por cinco minutos também reduz o hormônio do estresse, o cortisol.

Mistura da menopausa

Óleos de rosa, gerânio, sálvia e lavanda formam uma boa mistura. Para produzir um óleo equilibrado que ajudará a aliviar os sintomas da menopausa tais como ansiedade, depressão, calores e libido baixa, adicione três gotas de cada um desses óleos em 25 ml de um óleo de base. Use como um óleo de massagem ou adicione-o ao banho.

Camomila acalma

Experimente o óleo de camomila, para massagem ou no banho, para aliviar os sintomas mais severos da menopausa. Dizem que o óleo de camomila alivia a dor, tranquiliza e acalma, auxiliando assim o sono e reduzindo os calores e as alterações de humor. Como alternativa, tome chá de camomila para obter benefícios semelhantes.

Massagem antirrugas

Uma massagem facial aromaterápica pode ajudar a evitar e tratar rugas. A massagem estimula as terminações nervosas, ajudando a firmar e tonificar a pele para dar uma levantada natural no rosto. A hora mais benéfica para fazer isso é antes de se deitar, pois os óleos agirão na sua pele durante a noite inteira.

Adicione duas gotas de óleo essencial de rosa, olíbano, néroli ou patchuli em 5 ml (uma colher de chá) de um óleo base umectante, tais como de germe de trigo, jojoba ou caroço de pêssego. Os egípcios usavam o olíbano não apenas para embalsamar, mas também para finalidades cosméticas por causa da capacidade de preservação da pele. Tanto o néroli como o patchuli estimulam a renovação celular da pele.

Método: Verta o óleo na palma das mãos e esfregue-as. Aplique-o com ambas as mãos, perfazendo movimentos longos para cima e para fora, pelo pescoço, faces, nariz e testa. A seguir, usando a ponta dos dedos, tamborile-os por todo o rosto e pescoço para estimular a circulação. Termine massageando tudo com movimentos suaves e circulares.

44. USE O PODER DA FLOR

As essências florais têm sido usadas por suas propriedades curativas por milhares de anos. Contudo, foi o dr. Edward Bach, médico da rua Harley (famosa por suas clínicas médicas em Londres), bacteriologista e homeopata, que desenvolveu seu uso no séc. XX. Bach identificou 38 estados negativos básicos da mente e desenvolveu um medicamento à base de flor para cada um deles. Acredita-se que os remédios ajudem a se contrapor às emoções negativas, tais como desespero, medo ou incerteza, mas existem apenas evidências incidentais com relação à sua eficácia. São largamente disponíveis em farmácias em frascos de 10 e 20 ml que cabem na bolsa.

O floral Rescue é indicado para ajudá-la a enfrentar o estresse agudo e pode auxiliar a combater as ondas de calor. Entre outros florais de Bach úteis está o Scleranthus, para alterações de humor; o Mustard, para melancolia; e Walnut, para períodos de transição. Para mais informações de como escolher um floral adequado que possibilite que você selecione uma mistura personalizada, visite o site http://www.floraisdebach.org/o_que_sao_os_florais_do_dr_bach.htm

45. OBTENHA A CURA HOMEOPÁTICA

A homeopatia é baseada na teoria de que "o igual cura o igual". Substâncias que podem causar sintomas em uma pessoa sã podem tratar os mesmos sintomas em uma pessoa doente e encorajar o corpo a se curar. As substâncias usadas em remédios homeopáticos provêm de plantas, animais, fontes de metais e minerais que são transformadas em uma tintura, que é então diluída muitas vezes. Os homeopatas alegam que, quanto mais diluída for a medicação, mais alta será sua potência e mais baixo seus efeitos colaterais potenciais. Afirma-se que, através das moléculas de "memória da água" das substâncias que são diluídas, fica um traço eletromagnético, mais ou menos como um registro em uma fita de áudio, que tem um efeito sobre o corpo.

Embora ainda se discuta sua eficácia, algumas pesquisas sugerem que esses medicamentos são úteis no alívio dos sintomas da menopausa. Consulte um médico homeopata, que fará a formulação de um remédio baseado em seus sintomas particulares e seu estado físico, mental e emocional. No entanto, você pode comprar remédios homeopáticos em muitas farmácias de marcas conhecidas. Existem mais de 150 remédios homeopáticos que podem aliviar os sintomas da menopausa. Abaixo estão os mais recomendados. Se for comprá-los por conta própria selecione o remédio indicado pelo leque de sintomas que combinam mais aproximadamente com os que você apresenta. Em seu livro *Enciclopédia de Homeopatia — Guia Prático* (Civilização Editora, 2000), o famoso homeopata já falecido dr. Andrew Lockie recomenda 30 c (diluição de 1:100 feita em trinta vezes) do remédio apropriado duas vezes ao dia por até sete dias corridos a cada vez, para tratar os sintomas do climatério. Os remédios encontram-se normalmente disponíveis nas potências de 6 c e 30 c.

Beladona — Prescrita para insônia, excitabilidade, inquietação e mente hiperativa.

Calcária carbônica — Sugerido para a incapacidade de lidar emocionalmente com a menopausa, dor de cabeça mais acentuada no lado esquerdo, transpiração no rosto e na nuca durante o sono e desejo incontrolável por doces.

Lycopodium clavatum — É recomendado para fraqueza física acompanhada de uma mente aguçada. Também recomendado para pessoas que tendem a acordar cedo demais e depois são incapazes de voltar a dormir porque começam a remoer coisas na cabeça.

Sanguinaria canadensis — Também chamada de sanguínea, é eficaz no alívio da maioria dos sintomas da menopausa, inclusive as ondas de calor, os suores noturnos, a sensibilidade nos seios, os desagradáveis pruridos vaginais e o sangramento menstrual intenso.

Lachesis mutus — Ajuda nos calores e suores, na irritabilidade nervosa e na ansiedade, na dor ovariana, em enxaquecas e palpitações.

Pulsatilla — É recomendada para o tratamento de calores que ocorrem principalmente dentro de casa. Também usado para combater o desânimo e a vontade de chorar.

Sépia — Usada para problemas do útero, tais como o prolapso, uma sensação de repuxamento no abdômen, secura vaginal, infecções de aftas, ondas repentinas de calor e perda da libido.

Nux vômica — Ajuda o corpo a se ajustar aos níveis reduzidos de estrogênio. Particularmente usada para evitar os suores noturnos que levam aos calafrios.

Valeriana — Recomendada para calores que afetam principalmente o rosto e provocam transpiração abundante.

Amyl nit. — Usado para calores que afetam o rosto, especialmente se acompanhados de latejamento na cabeça e transpiração pesada. Também indicado para ansiedade e palpitações.

Sulphur — Recomenda-se para mulheres que sofrem de sensibilidade ao calor e suores noturnos que provocam a sede.

46. ENCONTRE ALÍVIO NA REFLEXOLOGIA

A filosofia que fundamenta os alicerces da reflexologia são semelhantes aos da acupuntura e da acupressão. A reflexologia é baseada na ideia de que pontos reflexos nos pés, nas mãos e na face, correspondem a cada órgão, glândula e estrutura do corpo. Estes são vinculados através de zonas verticais, ao longo dos fluxos de energia. Quando esse fluxo de energia flui desimpedido, permanecemos saudáveis; quando bloqueados por tensão ou congestão, ocorre a doença. A pressão é aplicada nas áreas reflexas com os dedos das mãos, usando técnicas específicas, provocando mudanças fisiológicas no corpo, na medida em que o próprio potencial de cura do organismo é estimulado.

Os profissionais que praticam a reflexologia acreditam que os desequilíbrios do corpo resultam em depósitos granulares no reflexo relevante, que causa sensibilidade. Calos, joanetes e até mesmo pele grossa são reputados como indicativos de problemas nas partes relevantes do corpo. A opinião médica está dividida. Um teste mostrou que massagem comum no pé reduz os sintomas da menopausa tão bem quanto a reflexologia. Contudo, existem evidências incidentais de que a reflexologia pode ajudar a curar, enquanto que a massagem no pé relaxa e alivia o estresse.

Reflexologia do tipo "faça você mesma"

É normalmente mais fácil aplicar a reflexologia em suas mãos e face do que em seus próprios pés, portanto as técnicas que se seguem concentram-se nessas áreas. Para uma estimulação extra, faça pequeno movimento circular na direção de sua coluna (no sentido horário sobre a mão esquerda e anti-horário sobre a mão direita).

Trabalhe seus reflexos adrenais

O funcionamento saudável da glândula adrenal é vital durante e depois do climatério. Para estimular as adrenais, use o polegar da mão oposta para aplicar uma firme pressão sobre o ponto entre o polegar e o indicador, uns 2 centímetros dentro da palma. Mantenha a pressão por alguns segundos. Repita três vezes em cada palma.

Estimule seus reflexos uterinos

Para estimular o reflexo uterino e encorajar o útero a funcionar com eficiência, principalmente durante a pré-menopausa, use o dedo médio de sua mão oposta para aplicar uma pressão firme na borda externa de seu pulso abaixo do polegar. Mantenha a pressão por alguns segundos. Repita três vezes em cada pulso.

Ative seus reflexos ovarianos

Ativar esses reflexos pode ajudar a manter os seus hormônios equilibrados. Usando o dedo médio da sua outra mão, aplique pressão na região logo em frente ao osso de seu pulso, abaixo do dedo mínimo. Mantenha a pressão por alguns segundos e repita três vezes.

Reflexologia facial

Uma mulher que sofria de até trinta ondas de calor por dia afirmou recentemente que seus sintomas diminuíram para umas duas vezes ao dia depois de apenas dois tratamentos de reflexologia facial. Quando da quinta sessão, tinham praticamente desaparecido.

Trace uma linha imaginária do ponto onde cada sobrancelha termina até o osso malar. Os pontos reflexos faciais do sistema reprodutivo estão situados em cada malar, a meia distância entre esse ponto e o começo da orelha. Usando a ponta dos dedos indicadores, massageie simultaneamente ambos os pontos com pequenos e suaves movimentos circulares na direção do nariz.

47. DIGA "SIM" À IOGA

A palavra ioga vem do sânscrito *yuj*, que quer dizer união. As posturas da ioga e os exercícios de respiração têm a finalidade de unir corpo, mente e alma. É uma forma suave de exercício que não apenas fortalece e aumenta a flexibilidade, mas também induz à calma e alivia o estresse, assim como as dores e indisposições. As posturas de ioga ajudam a equilibrar o sistema endócrino, que controla a produção hormonal e a frequência cardíaca. As posturas guardam relação com o peso, ajudando a prevenir a osteoporose. Posturas invertidas, tais como a de apoio sobre os ombros, estimulam a circulação e o fluxo do sangue para a parte superior do corpo, ajudando a aumentar o estado de atenção e a melhorar a saúde da pele e do cabelo. Acredita-se também que a ioga beneficie o sistema nervoso, auxilie no controle do peso e tonifique e firme os músculos. As técnicas de respiração da ioga aumentam a oxigenação do sangue e estudos sugerem que podem impedir os ataques de asma, enxaqueca, síndrome do intestino irritado (IBS, da sigla em inglês) e outras condições.

Em resumo, a ioga pode melhorar a mente, o corpo e a aparência, tornando-se uma excelente forma de exercício durante a menopausa e depois. O melhor jeito de aprender ioga é fazer aulas com um professor qualificado.

Para identificar um profissional, consulte o site: http://www.yogabrasil.org/comece-aqui-iniciantes/190-como-identificar-a-qualidade-do-professor-de-yoga.html. Você pode ainda recorrer ao YouTube. No site, digite "aula de ioga" e escolha o vídeo que possa interessá-la.

Ao praticar ioga em casa, sempre proceda com calma, evitando forçar seu corpo para realizar as posturas. Pare assim que sentir qualquer desconforto. Use roupas leves e soltas para poder se movimentar livremente, e tire os sapatos, favorecendo os exercícios. Use um colchonete antiderrapante se o chão for escorregadio. Não tente as posturas invertidas se tiver problema no pescoço ou nas costas ou pressão alta, doença cardíaca ou problemas circulatórios. Em caso de dúvida, consulte seu médico primeiro.

Refrescando-se com a respiração iogue

Dizem que a respiração é tão refrescante como relaxante — ideal para quando os calores atacam. Enrole a língua para ficar com um tubo, permitindo que a ponta saia ligeiramente da boca. Se achar isso muito difícil ou estiver usando a técnica em público, mantenha simplesmente a boca ligeiramente entreaberta para que o ar passe sobre sua língua. Respire lenta e profundamente pela boca. O ar deve passar a sensação de frio pela língua. Mantendo a língua na mesma posição, expire lenta e profundamente pela boca. Repita várias vezes e você experimentará um efeito refrescante.

CAPÍTULO 7

Tenha uma Aparência Mais Jovem

Muitas mulheres acreditam que sua feminilidade está vinculada de maneira intrínseca à sua fertilidade e, por isso, depois da menopausa, se sentem menos mulheres de certa forma. As mudanças hormonais podem contribuir para o ganho de peso, deixar a pele mais flácida e enrugada e o cabelo mais seco e fino. Não é de admirar que muitas mulheres percam a confiança em sua aparência nessa época. Uma pesquisa recente mostrou que quatro dentre dez mulheres na pós-menopausa relataram estar "receosas de sua aparência física".

Porém, com um pouco de cuidado extra, ainda é possível parecer muito bem, seja qual for sua idade. Cuidar de sua aparência não é só vaidade. Saber que você está com um ótimo aspecto melhora sua autoimagem, o que, por sua vez, aumenta sua autoestima e confiança. Pesquisas sugerem que uma autoimagem elevada estimula a imunidade e baixa o estresse e a ansiedade. Por certo a maioria de nós já experimentou o estímulo psicológico de um novo corte de cabelo ou de uma roupa nova, quando nos sentimos de "baixo-astral".

Controlar o peso é importante, não só para que você pareça mais jovem — nada é mais envelhecedor que estar acima do peso —, mas também almejando um aspecto mais saudável.

Portanto, vá em frente e cuide-se! Faça escolhas sensatas de alimentos e seja mais ativa. Faça o melhor para sua pele e seu cabelo. Escolha roupas que enfatizem suas melhores características. Realce sua aparência com uma maquiagem sutil e estimule tanto seu humor como sua confiança com seu perfume predileto. Leia mais à frente as dicas para manter sua aparência e para se sentir jovem e feminina até depois da menopausa.

48. TOME ATITUDES PARA FICAR COM UMA PELE DE APARÊNCIA MAIS JOVEM

O estrogênio também está envolvido no metabolismo celular da pele. Os níveis mais baixos desse hormônio durante a menopausa levam à perda de colágeno, a principal proteína da pele que lhe dá força, elasticidade e umidade. A produção de elastina, outra principal proteína fibrosa que dá à pele seu "esplendor", também diminui. Como resultado, a pele se torna mais fina, mais propensa a se enrugar.

A boa notícia é que os especialistas afirmam que as rugas são apenas 30% hereditárias e 70% em decorrência de fatores do estilo de vida. Portanto, há muito que você pode fazer para retardar o processo de envelhecimento. Eu, por mim, acho que isso é preferível a recorrer à cirurgia plástica, que pode ser arriscada.

Os segredos para ter uma pele de aparência mais jovem são:

- Uma alimentação equilibrada
- Beber muita água
- Sono suficiente
- Exercício regular
- Não fumar
- Tomar bebidas alcoólicas apenas com moderação
- Usar proteção contra o sol
- Limpar a pele diariamente
- Esfoliação regular
- Hidratação diária

O fator alimentação

Em primeiro lugar e o mais importante, se você quiser ter uma pele de aparência mais jovem, vem a alimentação saudável, hidratando a pele de dentro para fora. Isso significa manter uma dieta equilibrada para fornecer as vitaminas e outros nutrientes de que sua pele precisa para se manter saudável.

Mantenha as vitaminas A, C e E na sua dieta

As vitaminas A, C e E são antioxidantes, o que significa que neutralizam os radicais livres que atuam no envelhecimento da pele. O corpo produz os radicais livres quando estamos estressados ou expostos ao sol e aos poluentes, como fumaça de cigarro, substâncias químicas e aditivos alimentares. A vitamina A também é essencial para o crescimento e a restauração da pele. A vitamina C pode estimular a produção de colágeno. A vitamina E mantém sua pele macia e suave de dentro para fora.

A vitamina A apresenta-se de duas formas: como retinol e betacaroteno. O retinol é encontrado no fígado, em óleos de fígado de peixe, gema de ovo, leite integral, queijo e manteiga. O betacaroteno é encontrado principalmente em frutas amarelas e laranja e em legumes como cenoura, batata-doce, abóbora, melão cantaloupe, pimentão de cor laranja e amarela e damasco.

A vitamina C é encontrada em frutas e verduras, particularmente frutas cítricas, bagas silvestres, brócolis e repolho.

A vitamina E é encontrada em nozes e sementes, abacate, batata-doce, azeite de oliva e gérmen de trigo.

Buon appetito!

Optar por pratos temperados com molhos à base de tomate, tais como massas e pizzas, pode proteger sua pele dos efeitos danosos do sol. Pesquisas sugerem que o licopeno, um antioxidante encontrado no tomate que protege do sol, pode fazer o mesmo por nós. Tomates cozidos, em vez de crus, fornecem licopeno de uma maneira mais fácil de ser absorvida, porque o cozimento libera-o das paredes das células. O extrato de tomate é uma fonte concentrada.

Em um estudo, mulheres que consumiam 55 g (11 colheres de chá) de extrato de tomate — fornecendo 16 mg de licopeno — todo dia, durante três meses, aumentaram a proteção da pele contra os danos da radiação ultravioleta em 30%. O licopeno dissolve-se na gordura. Assim, comer tomate cozido com um alimento que contenha gordura (por exemplo, queijo ou azeite de oliva) ajuda na absorção. Massas e pizzas geralmente contêm os três, tornando-os uma boa escolha para ajudar a prevenir o envelhecimento da pele. Para versões mais saudáveis, escolha massas de trigo integral com recheio de verduras, legumes ou frutos do mar e acompanhadas de salada.

Dica: guarde os tomates frescos à temperatura ambiente, para permitir que as enzimas da planta produzam um quinto mais de licopeno e do conteúdo de betacaroteno. Goiabas, toranja rosada e melancia também contêm licopeno.

Beba chá verde

O chá verde contém polifenóis, antioxidantes que, se acredita, protege a pele contra os danos do sol. Evidências sugerem que você pode se beneficiar tomando ou usando produtos que contenham extrato de chá verde.

Proteção das bagas silvestres

Bagas como framboesa, mirtilo, amora e morango contêm ácido elágico, outro antioxidante que estimula as defesas da pele contra os danos do sol. Talvez esse seja outro sinal da sabedoria da natureza, já que a época dessas frutas coincide com o período do ano em que nossa pele mais precisa de proteção. A romã também é rica em ácido elágico.

Gorduras que suavizam a pele

Para ter uma pele macia, suave, viçosa e pouco enrugada você precisa incluir gorduras em sua alimentação. Evite gorduras animais saturadas, vinculadas ao endurecimento das artérias, doenças coronárias e derrame, e ingira mais ácidos graxos ômega-3 e ômega-6. Esses óleos protegem a pele da perda de umidade. Boas fontes de ômega-3 são peixes gordos, tais como sardinha, salmão e cavala, bem como verduras de folhagem verde-escura, nozes, sementes, gema de ovo e semente de linhaça, óleos de cânhamo e de semente de uva. O Plano Perricone*, seguido por celebridades como Kim Cattrall, Cate Blanchett, Uma Thurman e Julia Roberts, defende o uso desses alimentos, afirmando que podem suavizar e levantar a pele em questão de dias.

O ômega-6, encontrado nos óleos de girassol e de milho, azeitona, nozes, sementes e grãos integrais, também é essencial para a estrutura saudável da pele e ajuda a manter a umidade equilibrada.

Livre-se do açúcar

De acordo com Frederic Brandt, dermatologista de Madonna, Cher e Ellen Barkin, cortar o açúcar de sua alimentação pode rejuvenescer a pele em dez anos. Ele afirma que o açúcar danifica a elastina e o colágeno da pele, resultando em rugas e flacidez. Brandt promete que, se você cortar ou pelo menos reduzir a ingestão de bolos, biscoitos e doces carregados de açúcar, será recompensada com uma pele mais firme, mais tonificada e mais radiante. Fique atenta aos açúcares escondidos em alimentos processados, como molho de tomate. Verifique o rótulo dos

---

* Consulte o site para obter mais detalhes sobre o Plano Perricone: http://www.perricone.com.br/filosofia.asp)

alimentos. Muitos produtos de baixo teor de gordura, por exemplo, iogurtes e barras de cereais, apresentam alta porcentagem de açúcar. Lembre-se de que não apenas sua pele pode se beneficiar, mas sua cintura também.

Economize no sal

Além de ser nocivo à sua saúde (veja Capítulo 5 — Mais Dicas para uma Menopausa Mais Saudável), o sal danifica muito sua aparência, pois retém fluidos, manifestando-se na forma de celulite e bolsas em torno dos olhos.

> **Beba muita água**
>
> Beber em torno de 1,2 litro de água diariamente mantém sua pele hidratada e lava as toxinas, para manter sua pele viçosa e limpa.

Não fume

Fumar reduz a quantidade de oxigênio que chega à pele, tornando-a embotada e cinzenta, além de aumentar os radicais livres envelhecedores do corpo. Também ajuda a aprofundar as rugas em torno da boca e dos olhos, por causa do ato de fumar um cigarro e apertar os olhos para evitar a fumaça. Fumar também mancha as gengivas e os dentes, aumentando o risco de periodontite, que provoca o inchaço e inflamação das gengivas, além de favorecer a queda dos dentes.

Muito sono

Procurar obter sono suficiente é importante. Seu cansaço fica evidente na pele. Dormir de costas é melhor. Dizem que deitar com a face enterrada no travesseiro pode provocar rugas. Se os sintomas da menopausa estão afetando seu sono, recorra aos conselhos de como lidar com esses problemas no Capítulo 5 — Mais Dicas para uma Menopausa Mais Saudável.

Proteção contra o sol

A radiação UV (ultravioleta) do sol danifica as fibras de elastina e colágeno da pele, provocando danos duradouros e envelhecimento precoce. A maioria dos dermatologistas concorda que o melhor jeito de prevenir rugas é proteger a pele do sol o tempo todo. Use um hidratante ou uma base com um fator de proteção solar mínimo de 15 todos os dias. Aplique sempre o protetor solar em seu corpo antes da exposição ao sol e reaplique com frequência. Escolha produtos com proteção UVA e UVB para proteger seu corpo contra os efeitos de envelhecimento e queimaduras do sol. Para melhor proteção, seja especialistas recomendam que o protetor solar seja aplicado com fartura. Não se deve esfregar muito a pele. Evite os raios do sol entre as 10 da manhã e as 3 da tarde. Esta é a hora em que são mais fortes. Cubra-se, ou fique na sombra, mas lembre-se de que os raios do sol se refletem na água, na areia e na neve, portanto use proteção mesmo que estiver protegida.

Mantenha a pele limpa

A limpeza da pele é vital. A pele envelhecida tende a ser mais seca, portanto evite usar sabonete ou produtos de limpeza em espuma, que podem retirar umidade. Em vez disso, os especialistas recomendam o uso de loções ou cremes sem enxágue. Uma flanela limpa ou um tecido de musselina, molhado em água morna, remove o resíduo do creme com eficiência e esfolia suavemente a pele. Se você limpar muito bem a pele à noite, é improvável que esteja suja na manhã seguinte. Enxaguá-la apenas com água fria já é suficiente.

Tonifique

É melhor evitar tônicos à base de álcool, já que removem a umidade da pele. Um borrifador facial contendo água ou água de rosas, ou até mesmo uma aspersão com água à temperatura ambiente, funciona bem em peles maduras. Algumas mulheres notam que a pele do rosto fica mais oleosa conforme seus níveis hormonais se alteram. Um produto que vale a pena experimentar é o hamamélis, um adstringente não muito ressecante encontrado na maioria das farmácias. Quaisquer desses borrifadores podem ser úteis para refrescar uma onda de calor também.

Estimulador de umidade

Use um hidratante no rosto pela manhã e à noite. Eles retêm a umidade e formam uma barreira protetora, motivo pelo qual funcionam melhor quando aplicados enquanto a pele ainda estiver úmida. Existe uma imensa variedade de hidratantes a escolher. Muitos deles afirmam inclusive qualidades particulares na prevenção ou mesmo remoção das rugas! Pesquisas têm mostrado que os cremes caros não são necessariamente melhores que as marcas mais baratas. Saiba que todos os hidratantes são basicamente uma mistura de água e óleo. Contudo, especialistas recomendam em particular aqueles que contenham peptídeos, retinol e antioxidantes, inclusive vitaminas C e E, para peles envelhecidas. Como a pele tende a ficar mais seca depois do climatério, procure um creme mais rico destinado às peles maduras. Se tiver uma zona T oleosa (testa e zona central do rosto), aplique o hidratante apenas onde for necessário. Não se esqueça de hidratar seu corpo também, principalmente depois do banho de banheira ou chuveiro. Uma loção básica para bebês ou produto similar cumprirá bem a tarefa.

> **Dica útil**
>
> Seu pescoço tem menos células de gordura e glândulas sebáceas, portanto tende a envelhecer mais depressa que o rosto. Para um pescoço enrugado, aplique um hidratante mais rico e experimente usar óleo de patchuli ou néroli, como recomendado no Capítulo 6 — Terapias Complementares do Tipo "Faça Você Mesma".

Peeling Caseiro

Os *peelings* faciais comerciais normalmente contêm AHAs — ácidos alfa-hidroxi —, que removem as células mortas da pele, tornando-a mais macia e mais jovem por baixo. São ligeiramente mais suaves que os esfoliantes granulosos tradicionais para o rosto, mas atuam da mesma forma. Leite, frutas, verduras (maçãs, uvas, abacaxis, laranjas, limões, tomates e pepinos), todos contêm AHAs. Para fazer um *peeling* caseiro fácil, aplique leite em um chumaço de algodão. Como alternativa, passe uma fatia de fruta ou verdura sobre o rosto e o pescoço. Tomates e pepinos são hidratantes. Já o limão e a laranja são bons como compressas oleosas e ajudam a clarear as "manchas de fígado". Deixe agir por cinco minutos e depois enxágue com água morna.

Precaução: se experimentar uma sensação de formigamento, enxágue imediatamente. Os *peelings* faciais também podem aumentar a sensibilidade ao sol, portanto não se esqueça do protetor solar.

Fricção anticelulite

Não importa o quanto tenhamos cuidado com nossa alimentação, ou o quanto somos ativas, pois ainda assim muitas mulheres têm celulite. Os culpados são as alterações hormonais e o envelhecimento da pele. A celulite aparece quando as células de gordura incham e passam pelo tecido fibroso que as rodeia, causando um aspecto ondulado, cheio de covinhas, conhecido como "casca de laranja". Este creme de fricção anticelulite feito em casa, revigorante e hidratante, usa itens de sua cozinha.

Ingredientes

1 xícara de sal marinho
1 xícara de café moído
2 colheres (sopa) de azeite de oliva

Misture todos os ingredientes e massageie na pele úmida ou no banho de banheira ou de chuveiro. Há tempos que o café é usado dessa forma em *spas* tropicais. Acredita-se que a cafeína ajude a tonificar, estirar a pele e contrair as células de gordura.

Lábios sensuais

A pele de seus lábios é muito fina e não contém glândulas sebáceas produtoras de óleo, portanto necessita de um hidratante mais rico para proteção de seus elementos. O ideal é usar um batom ou brilho que contenha um FPS de pelo menos 15, ou aplicar um pouco de protetor solar antes de passar o batom comum. A vaselina é um bálsamo e confere um brilho eficiente e barato para os lábios. O mel proporciona um excelente tratamento para lábios ressecados e machucados. Aplique pouco antes de ir dormir e deixe durante a noite toda.

Seus lábios tendem a perder o volume com a idade, em grande parte por causa da perda de gordura e colágeno. Para fazê-los parecer mais cheios, use batons e brilhos de cor clara ou média — tons escuros deixam uma aparência de mais finos. Tons brilhantes também dão a ilusão de volume, enquanto os foscos têm o efeito contrário.

Cuidado com a região dos olhos

A pele em torno de seus olhos é a mais fina de seu corpo, portanto a umidade evapora-se mais facilmente, motivo pelo qual desenvolvemos linhas em torno dos olhos antes que em qualquer outra parte do corpo. O ponto principal a ser lembrado é que a pele na região dos olhos é frágil, portanto evite esfregar ou friccioná-la. Aplique o hidratante ou creme para os olhos com a ponta dos dedos em toques suaves. Evite cremes ou óleos muito pesados, já que podem causar inchaço.

Maquiagem à prova de calores

Se seu rosto tende a suar ou ficar vermelho quando você passa pelas ondas de calor, prejudicando a sua maquiagem, as seguintes dicas podem ajudar:

- Se a vermelhidão for um problema para você, experimente as novas bases com proteção solar e que corrigem as imperfeições da pele. As marcas mais vendidas no Brasil são Natura, Kryolan, Boticário, além das internacionais Dior, Make Up Forever, Mufe HD, Boots e Smashbox, dentre outras.
- Hidratantes coloridos conferem uma aparência mais natural e não escorrem ou mancham tanto como as bases.
- Use rímel, delineador e sombra para os olhos à prova d'água. Evite sombras de cor fosca; escolha tonalidades luminosas e vibrantes.
- Um *blush* luminoso em gel deixa menos estrias que em pó.

Dicas úteis

Mãos descuidadas são um indício denunciador instantâneo da idade. Como seu pescoço e seus lábios, suas mãos têm menos glândulas oleosas, portanto tendem a se ressecar. Para piorar as coisas, sujeitamos nossas mãos a todo tipo de maus-tratos diariamente. São expostas a sabões agressivos e água quente, assim como substâncias químicas de uso doméstico, que secam os óleos naturais da pele. Para protegê-las, use luvas de borracha ou silicone ao fazer o serviço de casa. Durante o inverno, use luvas para proteger suas mãos dos efeitos do frio. Para repor a umidade perdida, tenha sempre um tubo de creme para as mãos na bolsa. Reaplique com frequência durante o dia e antes de se deitar. Açúcar misturado com azeite de oliva é um excelente creme de esfoliação para as mãos.

Mostre as unhas

Assim como a pele e o cabelo, as unhas refletem a boa nutrição ou o contrário. Muitos dos nutrientes que ajudam a aliviar os sintomas da menopausa atuam para manter as unhas saudáveis. Os ácidos graxos essenciais mantêm as unhas fortes e flexíveis. Isoflavonas, cálcio e zinco podem melhorar o crescimento e a resistência das unhas. Vitamina E dá força e brilho.

Use regularmente uma dessas lixas que dão polimento à face da unha para estimular o fluxo sanguíneo e dar brilho. Siga as instruções do fabricante. O uso exagerado da parte mais áspera da lixa pode danificar a unha. Massageie um creme para as mãos ou óleo de amêndoa ou azeite de oliva em suas unhas e cutículas toda noite antes de dormir e logo notará uma melhora drástica.

49. TENHA CABELOS DIVINOS

Em uma pesquisa recente feita por uma indústria química, uma entre três mulheres disseram que seu cabelo era o aspecto mais importante de sua aparência. Infelizmente, a menopausa é uma época em que o cabelo, como sua pele, pode refletir os níveis mais baixos de estrogênio em seu corpo, tornando-se mais finos e secos. Contudo, com uma dieta balanceada e os cuidados corretos, ainda é possível ter cabelos divinos.

Alimento capilar

O sangramento intenso durante a pré-menopausa pode provocar uma deficiência de ferro, que constitui muitas vezes a causa do afinamento e da perda do cabelo. Uma alimentação pobre, carente de proteínas, vitamina B e vitamina C pode também afetar a saúde do seu cabelo. Para aumentar os níveis de ferro, consuma bastante verduras verdes e um pouco de carne vermelha, que também fornecem o aminoácido lisina, essencial para a absorção do ferro. Inclua muita fruta fresca em sua dieta, principalmente as cítricas. A vitamina C que elas contêm auxilia a absorção do ferro.

Uma deficiência de zinco também pode contribuir para a perda de cabelo. Mariscos, verduras de folhagem verde, nozes e sementes são boas fontes de zinco. O enxofre é importante para um crescimento saudável do cabelo e é encontrado em cebola, ovo e alho. Consuma grãos integrais para obter o complexo de vitaminas B. A carência dessa vitamina, a biotina, está associada à perda de cabelo e ao surgimento precoce de fios grisalhos. Ovos, soja, fígado, nozes e cereais são boas fontes. Por fim, coma peixe gordo, nozes e sementes para obter os ácidos graxos ômega-3 e a vitamina E, que ajudam a combater o ressecamento.

Problemas da tireoide podem também provocar a perda de cabelo. Veja "A menopausa é isso?", na Introdução, e consulte seu médico se suspeitar que está com anemia ou com um problema de tireoide.

Massagem estimulante do couro cabeludo

Essa massagem do couro cabeludo melhora o crescimento e a saúde do cabelo, estimulando a circulação. Também atua duplamente como alívio do estresse! Coloque a ponta de seus dedos de cada lado da cabeça logo acima das orelhas e gire-os com firmeza por 30 segundos, certificando-se de que o couro cabeludo se movimente. Trabalhando em direção ao meio da cabeça, mova-os para o ponto seguinte e depois para o próximo, até que tenha coberto o couro cabeludo por completo.

> **Dica**
> Use esta técnica enquanto estiver passando xampu no cabelo.

Procure dar brilho ao cabelo

Para madeixas brilhantes, escolha o xampu certo para seu tipo de cabelo. Use sempre o condicionador depois da lavagem, concentrando-se no meio e nas pontas dos fios. Enxágue bem, terminando com água fria. Termine com uma pequena quantidade de silicone, para proteger os cabelos do secador, bobs ou chapinha, evitando que fiquem ressecados e rebeldes e para dar brilho. Os grandes estilistas recomendam um corte a cada seis semanas para evitar as pontas duplas e deixar os cabelos com uma aparência melhor.

Conselhos de estilo

O ponto principal com relação ao estilo de cabelo é evitar ficar presa a uma época. Procure atualizar seu corte sempre que possível. Nada envelhece mais do que exibir o mesmo corte de quando você tinha 20 anos. Encontre um cabeleireiro que você sinta que a escuta. Tire fotos para ter uma ideia da aparência que terá depois. Já existem, inclusive, salões com simuladores de penteado por computador, para que você tenha noção de como ficará. Peça conselhos de que tipo de corte irá complementar tanto seu formato de rosto como seu tipo de cabelo.

Tinja e fique linda

Para muitas de nós, cabelo grisalho é um sinal de velhice que preferimos manter escondido. A idade em que você começa a ter cabelos brancos e com que rapidez isso acontece é em grande parte genética, mas fatores do estilo de vida, como estresse e uma carência de certos nutrientes, representam um papel importante. Se você resolver esconder seus cabelos grisalhos com tintura, lembre-se de que cores mais escuras podem ser muito pesadas e envelhecem. Conforme você envelhece também perde pigmentos da pele, de modo que é melhor optar por uma cor de tintura que seja uma tonalidade ou duas mais claras que o seu cabelo.

Se resolver assumir os fios brancos sem problemas, lembre-se de que o cabelo grisalho normalmente é mais áspero e mais seco, devido à perda de pigmento. Experimente colocar mais condicionador nas lavagens e corte com maior frequência para manter uma boa aparência. Escolha um xampu suave e específico para cabelos grisalhos — experimente os xampus da Klorane para cabelos grisalhos/brancos — para acentuar o brilho natural. Uma alternativa é o xampu de algas, da Ecologie, ou ainda Silver Touch, da Viscaya, Expert Silver, da L'Oréal, Silver Clenz Temporary Color, da Image, Color Endure Violet, da Joico, Healing Color Care Silver Brightening, da L'anza.

Livre-se da penugem inconveniente

Se começarem a aparecer pelos no seu rosto por volta da época do climatério, é provável que você seja vítima de outro infeliz efeito colateral das alterações hormonais. Se não for impossível tirar todos com uma pinça, experimente usar um creme clareador de pelos faciais, um creme depilatório ou um kit caseiro de cera. A remoção por eletrólise ou a laser pode oferecer uma solução mais de longo prazo, mas certifique-se de consultar um profissional qualificado ou um dermatologista adequado.

50. ACABE COM O PESO EXTRA DA MEIA-IDADE

Um metabolismo mais lento e níveis mais baixos de estrogênio na menopausa podem levar a ganho de peso e a uma redistribuição da gordura do corpo, resultando em uma cintura mais grossa. A gordura em torno do meio do corpo aumenta o risco de problemas graves de saúde, tais como doenças cardíacas, pressão alta do sangue, derrame e diabete. Se você estiver na pós-menopausa, essa gordura em excesso aumenta seu risco de câncer de mama em 50%. Abaixo você encontra algumas dicas para ajudá-la a combater os "efeitos colaterais da meia-idade".

Verifique o tamanho de sua cintura

Uma cintura de 80 cm indica risco aumentado. Uma medida de cintura de 88 cm ou acima significa que sua saúde está em risco. Para medir sua cintura, passe uma fita métrica em torno da parte mais estreita entre suas costelas inferiores e seus quadris.

Calcule seu IMC

Calcular seu índice de massa corporal (IMC) também ajuda a determinar se você tem um peso saudável. Faça isso achando o quadrado de sua altura em metros, que será dividido pelo seu peso em quilos. Por exemplo, se você tem 1,60 metro de altura e pesa 65 quilos:

1,60 x 1,60 = 2,56
65 / 2,56 = 25,39

Um IMC de 18,5 a 24,9 indica um peso saudável. Menos de 18,5 é classificado como abaixo do peso, enquanto de 25 a 29,9 é estimado como acima do peso. Um IMC de 30 a 39,9 indica obesidade e acima significa obesidade mórbida. Basicamente, se você tem 25 ou mais de IMC, deve considerar uma dieta. Mas tenha em mente que seu IMC é apenas um guia. Se você tiver boa musculatura e pouca gordura, pode ter mesmo assim um IMC alto, já que ele mede o peso em vez de gordura na relação com a altura.

Escolha alimentos de baixo teor glicêmico

Uma maneira saudável de perder o excesso de peso, principalmente na região do abdômen, é manter uma dieta de baixo teor glicêmico. O índice glicêmico (IG) é uma medida para avaliar com que rapidez um alimento eleva o nível de açúcar no sangue.

Carboidratos com alto IG são facilmente transformados em glicose, estimulando o nível de açúcar no sangue a subir rapidamente e depois cair depressa da mesma forma. Alimentos refinados como o pão branco, massas, bebidas açucaradas e doces possuem um IG alto. Carboidratos com baixo IG levam mais tempo para ser digeridos e fazem a glicose do sangue subir devagar e com constância, ajudando você a se sentir saciada por mais tempo. Alimentos não refinados, inclusive pão de múltiplos grãos, mingau, batata-doce, massa de trigo integral e arroz integral possuem um IG baixo. Por liberaram glicose de forma lenta na corrente sanguínea, esses alimentos podem reduzir o risco de diabete do tipo 2. Acredita-se que as fibras desses alimentos retardem a absorção da glicose. A fibra ajuda a perder peso de outras maneiras — deixa você saciada mais depressa, o que a levará a comer menos. Além disso, seu corpo queima gordura quando quebra as fibras ingeridas.

Consuma muitas frutas e verduras, laticínios de baixo teor de gordura, inclusive iogurte, leite desnatado/semidesnatado, queijos de baixo teor de gordura, iogurtes e pequenas porções de nozes, peixe e carne magra. Deixe a casca da batata para reduzir o IG — comer batata sem casca permite que a glicose seja digerida mais depressa. Batata fervida com a casca possui um IG mais baixo. Uma alimentação assim favorece a perda de peso, ao mesmo tempo que propicia o equilíbrio necessário de nutrientes para a boa saúde.

Dica: Borrifar um pouco de vinagre sobre as refeições pode ajudar a reduzir a taxa de absorção de glicose do alimento.

Fique de bem com a soja

Incluir alimentos e bebidas à base de soja em sua alimentação ajuda a evitar o ganho de peso na região abdominal. Um estudo recente mostrou que um grupo de mulheres que tomou um *shake* à base de soja todo dia ganhou menos gordura que um grupo que não tomou. Os pesquisadores julgaram que os fitoestrogênios da soja afetaram o metabolismo da gordura.

Está servida de um queijinho?

Já vimos no Capítulo 4 — Reposição Hormonal Natural, que os laticínios fornecem cálcio, ajudam a aliviar os sintomas da menopausa e previnem a osteoporose. Porém, você sabia que o cálcio também ajuda a perder peso, principalmente em torno da cintura?

Num recente estudo americano, um grupo de pessoas acima do peso mantendo uma dieta com 1.200 mg de cálcio por dia provindo de laticínios perdeu 70% mais peso e três vezes mais gordura abdominal que um grupo que não consumiu laticínios, mas idênticas quantidades de calorias, gordura, carboidratos e proteína. O cálcio reduz a quantidade de gordura que absorvemos dos alimentos, acelerando ainda nosso metabolismo.

Para estimular sua ingestão de cálcio a partir dos laticínios, inclua leite desnatado ou semidesnatado em suas refeições, assim como iogurte de baixo teor de gordura — preferivelmente sem açúcar — e queijos de gordura reduzida, como o queijo *cottage*.

Consuma proteínas

Estudos mostram que ingerir proteínas em cada refeição ajuda na perda de peso. Quando ingerida com carboidratos, a proteína faz você se sentir mais saciada por um tempo maior, porque reduz a taxa com que a glicose é liberada para a corrente sanguínea, portanto você comerá menos.

A proteína também estimula o metabolismo, fazendo com que você queime mais calorias. Isso é especialmente útil depois da menopausa, quando o metabolismo tende a ficar mais lento. Acredita-se que o corpo queime em torno de um terço das calorias dos alimentos proteicos quando as moléculas são quebradas pela digestão. Elas também instigam o corpo a queimar gordura para produzir energia. Como as proteínas animais são ricas em gorduras saturadas, opte pelos peixes gordos e brancos, laticínios de baixo teor de gordura, soja e carnes magras. Além disso, não consuma mais que a porção recomendada a cada refeição, já que especialistas advertem que uma alimentação rica em proteína, tais como a dieta do dr. Atkins*, pode levar a problemas dos rins e à osteoporose.

Faça uma boa refeição matinal

Pesquisas mostram que tomar o café da manhã ajuda no controle do peso. Quem toma café da manhã tende a não comer demais durante o dia — provavelmente porque o açúcar de seu sangue permanece mais constante. Um estudo recente de um grupo de homens e mulheres entre 40 e 75 anos de idade descobriu que aqueles que ingeriam de um quinto até metade de suas calorias no café da manhã ganhavam menos peso que aqueles que pulavam essa refeição ou comiam muito pouco. Os pesquisadores concluíram que tomar o café da manhã estimu-

---

* O cardiologista americano Robert Atkins ficou conhecido em todo o mundo com a dieta que leva o seu nome. A principal meta da dieta é reduzir severamente a ingestão de carboidratos em todas as refeições e priorizar o consumo de proteínas, ou seja, alimentos de origem animal como carnes, ovos, peixes, bacon, embutidos e queijos amarelos.

Fonte: *http://noticias.uol.com.br/ultnot/cienciaesaude/ultimas-noticias/dietas/dieta-do-dr-atkins.jh*

la o metabolismo, enquanto ficar sem ele encoraja o corpo a entrar no modo de inanição e passar a armazenar gordura.

Vive la France!

Tire um tempo para preparar, cozinhar e ingerir sua refeição com prazer, em vez de consumir uma refeição pronta. Tudo indica que isso a ajudará a controlar o peso. As francesas, em particular, gozam da reputação de apreciar sua cozinha e permanecem magras e saudáveis. Geralmente evitam beliscar e reservam um tempo para preparar refeições com ingredientes frescos, e comem devagar, saboreando a comida. Costumam também fazer mais refeições, sentando-se à mesa em vez de no sofá em frente à tevê. Embora comam pão e chocolate, concentram-se no sabor e na qualidade em lugar da quantidade, evitando as chamadas *junk foods* — do inglês, "porcarias", alimentos de baixo teor nutritivo. Sendo assim, é mais provável que escolham um pão fresco saído do forno e dois pedaços de chocolate puro de alto teor de cacau, em vez de um pão fatiado indigesto e chocolate ao leite muito doce. Também comem muitas frutas, verduras e laticínios. A filosofia que as move baseia-se em uma dieta saudável e de boa qualidade, além de permitir que se coma o que tiverem vontade, porém em pequena quantidade. Adote a atitude das mulheres francesas se quiser perder peso.

Guia fácil para mesurar as porções

Para seguir o exemplo das franceses, você precisa controlar o tamanho de suas porções. Mesmo que escolha alimentos saudáveis, se os ingerir em demasia ganhará peso. Eis aqui um guia fácil:

- Alimentos com carboidratos (massa, batata e arroz): dois punhados — lembre-se de que punhado quer dizer o que cabe em sua mão em concha.
- Verduras/saladas: dois ou mais punhados.
- Alimentos proteicos (carne, ovos e peixe): um punhado.
- Queijo: um pedaço do tamanho de uma caixa de fósforos.
- Nozes: um punhado pequeno.
- Gorduras e óleos: uma colher (sopa) ou um pouco menos.

Prato equilibrado

Para uma refeição equilibrada, um terço deve ser de carboidratos, um terço de verduras ou frutas, um sexto de alimento proteico (carne, peixe ou uma alternativa à carne, como a proteína de soja) e um sexto de laticínios. As mulheres precisam de cerca de 500 calorias por dia a menos que os homens, portanto sirva-se de porções menores, mais ou menos uma quinta parte, que as de seu parceiro.

Gorduras e peso

Quando se trata de peso, as gorduras fazem o papel dos "bandidos" e os alimentos de baixo teor de gordura são vistos como os "mocinhos". Embora a gordura seja relativamente rica em calorias — 1 g contém 9 calorias, enquanto 1 g de carboidrato ou proteína contém 4 calorias —, é vital para várias funções do corpo. As gorduras também tornam o alimento mais completo, mantendo-a mais saciada por um tempo maior, reduzindo a taxa com que a glicose é absorvida, podendo assim realmente ajudá-la a controlar o seu peso.

É importante, contudo, restringir a quantidade de gorduras que você ingere para evitar ganhar peso, e evitar as gorduras nocivas à saúde. Escolha as gorduras mais saudáveis poli-insaturadas (ômega-3 e ômega-6) e monoinsaturadas (ômega-9) discutidas no Capítulo 4- Reposição Hormonal Natural.

Lembre-se de que dentre os alimentos ricos nessas gorduras estão o peixe gordo, gema de ovo, nozes, sementes, grãos integrais, verduras de folhagem verde-escura e óleos como os de girassol e o azeite de oliva. Os nutricionistas recomendam que não mais que um terço de nossa ingestão diária de energia provenha de gorduras. Isso é o equivalente a mais ou menos 75 g para mulheres, dos quais não mais de 20 g devem ser de gorduras saturadas.

Livre-se das gorduras não saudáveis

Gorduras saturadas, também conhecidas como gorduras sólidas, são encontradas principalmente em produtos animais, tais como a carne vermelha, manteiga e laticínios de alto teor de gordura, como o queijo e o leite. Acredita-se que as gorduras saturadas sejam difíceis para o corpo usar e, como resultado, tendem a ser armazenadas — levando a um risco aumentado de doenças cardíacas e aterosclerose (endurecimento das artérias). Também podem estar vinculadas a alguns cânceres, como o de mama.

Ácidos transgordurosos, ou gorduras trans, são encontrados principalmente em alimentos processados e normalmente relacionados nas embalagens como óleos/gorduras "hidrogenados" ou "parcialmente hidrogenados". Os fabricantes os usam para prolongar a permanência de seus produtos nas prateleiras, ou seja, confira a data de validade. Tais ácidos são formados quando os óleos vegetais líquidos são transformados em gorduras sólidas por meio de um processo chamado de hidrogenação. Gorduras trans podem levar a ganho de peso principalmente em torno da cintura. Um estudo de seis anos mostrou que um grupo de macacos cuja alimentação continha gorduras trans ganhou três vezes o peso em relação aos macacos cuja alimentação continha gorduras monoinsaturadas. Eles também acumularam mais ou menos um terço a mais de gorduras no abdômen.

Para cortar a ingestão de gorduras insaturadas e trans:

- Prefira carne magra. Corte qualquer gordura visível. Tire a pele do frango assado.
- Grelhe, asse, afervente, cozinhe no vapor ou no forno de micro-ondas em vez de fritar ou dourar os alimentos.
- Retire qualquer gordura que suba na panela durante o cozimento.
- Use menos carne e mais verdura em ensopados e cozidos.
- Prefira um acompanhamento de baixo teor de gordura a um alimento rico em gordura, como torta de

carne ou pizza, por exemplo, verduras refogadas ou salada.
- ❏ Escolha refeições prontas com conteúdo mais baixo de gordura — 3 g de gordura para 100 g de alimento = pobre em gordura; 20 g de gordura para 100 g de alimento = rico em gordura.
- ❏ Opte por laticínios de baixo teor de gordura. Evite alimentos processados com gordura hidrogenada, ácidos graxos trans, gorduras animais/saturadas, banha, glicerídeos, óleo de coco e gorduras lácteas na relação de ingredientes.
- ❏ Troque a manteiga ou margarina cheia de gordura por um patê de baixo teor de gordura. Escolha margarinas com o rótulo de "baixo teor de gorduras trans" ou "isenta de gorduras trans".
- ❏ Use ervas e condimentos fortes para dar sabor aos alimentos em vez de molhos com alto teor de gordura — experimente mostarda, molho de soja e vinagre balsâmico ou de vinho branco.

Comida não é prêmio de consolação

O mau humor que algumas mulheres experimentam durante a pré e pós-menopausa pode levar ao hábito de comer para se consolar, o que pode, por sua vez, desencadear o ganho de peso. Se você come com frequência por razões emocionais em vez de por fome de verdade, precisa mudar seu comportamento, ao mesmo tempo que trabalha as questões subjacentes. Estabeleça uma regra de que só irá comer em resposta à fome verdadeira (do estômago) em vez de por fome emocional (da boca). Se, como muitas mulheres, você fez regime e sofreu de compulsão alimentar durante anos, terá um pouco mais de trabalho para reconhecer quando está com fome. Preste atenção nos sinais que seu corpo emite quando precisa de comida. Para algumas pessoas, a fome se faz conhecer por contrações e roncos no estômago; outras notam sensações semelhantes no peito ou na garganta.

Faça algo novo

Enquanto isso, explore os motivos pelos quais você se conforta comendo e depois dê um jeito de lidar com o fato. Por exemplo, se você se sente deprimida e solitária, talvez porque seus filhos tenham saído para morar fora de casa, considere uma forma de ampliar seu círculo social. Essa é uma boa época para assumir um novo interesse ou passatempo que pode levar a novas amizades. Por exemplo, faça ioga, dança, aulas de culinária ou de arte — faça aquilo que lhe interessar. Acrescentar novas atividades à rotina diária encoraja a perda de peso, porque ajuda a desviar seu foco mental para longe da geladeira.

Quebre o ciclo vicioso

O estresse também pode levar ao hábito de comer para se reconfortar — principalmente alimentos gordurosos e doces, que parecem atuar como um antídoto aos hormônios do estresse e induzir a sensações de calma. Se você tende a comer demais quando nesse estado, é importante quebrar o ciclo vicioso, encontrando outros meios de lidar com a tensão. Por exemplo, depois de um dia extenuante no trabalho, em vez de pegar uma lata de biscoitos, tome um banho morno com óleo aromático e relaxante, como lavanda ou camomila. O Capítulo 1 — Supere a Menopausa oferece mais dicas para controlar a depressão e aliviar o estresse. Confira também a seção dos alimentos que estimulam o humor no Capítulo 4 — Reposição Hormonal Natural. Lembre-se, ser ativa e sair ao ar livre estimula seus níveis de serotonina, o "hormônio da felicidade", que também está envolvido no controle do apetite.

Entre em forma

O exercício físico não apenas é vital para a boa saúde, mas também a chave para o controle do peso. Ser fisicamente ativa auxilia a perda de peso, queimando calorias e acelerando o metabolismo. As recomendações mais comuns são aquelas que sugerem que devemos nos submeter à atividade moderada, como caminhar por pelo menos 30 minutos por dia, cinco vezes por semana. Para perder peso, tenha por objetivo aumentar seu tempo para 60 minutos diariamente, cinco vezes por semana.

Muitas pessoas acham difícil ir à academia para se exercitar, mas existem várias maneiras simples de aumentar a quantidade de atividades físicas que você pode fazer em sua vida diária.

O Capítulo 5 — Mais Dicas para uma Menopausa Mais Saudável enfocou como a caminhada pode ajudar a combater muitos sintomas do climatério, inclusive a depressão e a osteoporose, e como é fácil desenvolver o hábito de caminhar mais.

Andar também é uma excelente maneira de queimar calorias e perder peso.

A deusa do lar

As tarefas domésticas e a jardinagem são também boas formas de exercício que queimam calorias e promovem o condicionamento físico. Fazer compras, lavar e pendurar roupas e limpar vidraças, tudo isso queima calorias e ajuda a tonificar os músculos.

> **Dica**
> Ser ativa, mesmo que por uns poucos minutos, várias vezes ao dia, estimula o corpo a produzir mais enzimas de rápido fracionamento do que se você só se exercitar uma vez.

Receitas

Esta seção traz receitas baseadas nas recomendações dietéticas delineadas no Capítulo 4 — Reposição Hormonal Natural.

Hummus

Ingredientes

200 g de grão-de-bico em lata (ou cozido)
1 colher (sopa) de tahini (pasta de gergelim) — opcional
2 dentes de alho (ou mais, a gosto)
1 colher (chá) de cuminho moído
1 limão espremido
1 pitada de sal
Pimenta do reino preta

Modo de fazer

Escorra e enxágue o grão-de-bico e passe no liquidificador ou processador (ou ainda amasse) até que fique uma pasta grossa. Adicione o tahini, o alho, o cuminho e o suco de limão e misture novamente. Tempere a gosto. Sirva com pão sírio quente e salada ou use como um patê com verduras "al dente".

Salada Mista de Feijões (para 2 pessoas)

Ingredientes

400 g feijões cozidos (carioca, branco, de soja etc.)
1 talo de aipo
½ cebola roxa cortada em rodelas bem finas
1 pimenta vermelha bem picada
1 tomate médio
1 colher (sopa) de manjericão fresco

Molho

2 colheres (sopa) de azeite de oliva
2 colheres (sopa) de vinagre balsâmico
1 dente de alho amassado

Modo de Fazer:

Lave os feijões em água fria e escorra. Coloque em uma tigela. Acrescente as verduras da salada e o manjericão e misture bem. Bata no liquidificador ou processador os ingredientes do molho e misture aos feijões e às verduras. Coloque na geladeira para gelar. Sirva com torradas de pão integral.

Vitamina de leite de soja

Ingredientes

1 banana grande
2 ou 3 punhados de frutas
285 ml de leite de soja
Mel (opcional)
Canela (opcional)

Modo de Fazer:

Coloque a banana e as frutas no liquidificador. Bata por 30 segundos. Acrescente o leite de soja e o mel para dar gosto. Bata outra vez até obter a consistência de *milk-shake*. Salpique com canela e sirva.

Bolo TRH

Este bolo fornece uma rica fonte de fitoestrogênios.

Ingredientes

100 g de farinha de soja
100 g de farinha de trigo integral
100 g de aveia
100 g de semente de linhaça
50 g de semente de girassol
50 g de semente de gergelim
50 g de amêndoas em lascas/nozes picadas
2 pedaços de gengibre (fatiados)
200 g de passas sultanas
1 colher (café) de noz-moscada
1 colher (café) de gengibre em pó
500 ml de leite (soja) (aproximadamente)
1 colher (sopa) de extrato de malte
3 colheres (sopa) de frutas secas picadas (damascos/tâmaras/ameixas/amoras)

Modo de fazer

Coloque todos os ingredientes secos em uma tigela grande e misture bem. A seguir adicione o leite de soja e o extrato de malte. Misture novamente e deixe em repouso por 30 minutos. Se a mistura ficar muito firme, adicione mais leite de soja. Coloque a mistura às colheradas em duas assadeiras untadas ligeiramente e revestidas com papel-manteiga. Asse em forno quente a 190°C (ponto 5 no gás) por 1h15min mais ou menos, ou até que enfiando um palito no meio ele saia limpo. Vire e deixe esfriar em uma grade. Sirva em fatias grossas com margarina vegetal ou patê de soja.

Dica: se gostar de mais doce, experimente acrescentar um pouco de mel.

Salada Morna de Lentilha (para 4 pessoas)

Ingredientes

225 g de lentilha verde, marrom ou francesa
2 pimentões vermelhos
200 g de queijo de cabra
2 colheres (sopa) de vinagre balsâmico
4 colheres (sopa) de azeite de oliva
50 g de tomate seco

Modo de Fazer:

Adicione 275 ml de água fervendo à lentilha e depois a cozinhe em fogo baixo durante 40 minutos. Dez minutos antes de estar pronta, corte e grelhe os pimentões em fogo forte. Corte o queijo de cabra e coloque em uma travessa refratária debaixo da grelha até que fique ligeiramente derretido. Coloque a lentilha escorrida em uma tigela aquecida. Misture o vinagre balsâmico e o azeite de oliva e junte à lentilha. Acrescente o pimentão e o tomate seco. Coloque o queijo de cabra por cima. Sirva imediatamente.

Refogado de Tofu, Legumes e Brotos de Feijão (para 2 pessoas)

Ingredientes:

2 colheres (sopa) de azeite de oliva
2 dentes de alho amassados
2 cenouras
1 pimentão vermelho
1 pimentão verde
4 talos de cebolinha
1 pacote de pedaços de tofu marinado
1 embalagem pequena de brotos de feijão
Molho de soja a gosto

Modo de Fazer:

Corte os legumes em tiras finas. Descasque e amasse o alho. Aqueça o azeite de oliva em uma *wok* (ou frigideira grande e alta) e refogue os legumes e o alho por três ou quatro minutos. Adicione o tofu e o molho de soja e deixe aquecer. Acrescente os brotos de feijão e refogue por uns dois minutos — até que estejam tenros, mas ainda crocantes. Sirva imediatamente.

Patê de Abacate (para 2 a 4 pessoas)

Ingredientes:

1 abacate médio
1 dente de alho amassado
½ pimenta verde fresca, bem picada
Suco de ½ limão ou de 1 lima
Pimenta-do-reino preta a gosto

Modo de fazer:

Bata no liquidificador todos os ingredientes juntos e sirva com mini-pães sírios ou cenouras ou aipo cortados em bastonetes pequenos.

Glossário

Acetilcolina — substância química envolvida no aprendizado e na memória.

Adaptogênio — substância que ajuda o corpo a adaptar-se e a lidar com o estresse.

Aminoácidos — ácidos orgânicos que formam os blocos constituintes das proteínas.

Andrógeno — hormônio masculino.

Antiestrogênico — supressão ou neutralização da ação do estrogênio.

Aterosclerose — estreitamento das artérias causado por depósitos gordurosos.

Atrofia — perda de órgão ou tecido do corpo em decorrência de várias causas, inclusive alterações hormonais.

Betacaroteno — a forma vegetal da vitamina A, encontrada em frutas, verduras e legumes de coloração laranja ou verde, por exemplo, laranjas, cenouras e hortaliças. Um antioxidante.

Bioflavonóides — substâncias encontradas em frutas tais como limões, groselha preta ou cassis, e ameixas, que melhoram a função da vitamina C.

Colágeno — proteína estrutural encontrada em tecidos conjuntivos, inclusive a pele e os ossos.

Cortisol — hormônio produzido pelas glândulas adrenais.

Cumestanos — estrogênios vegetais encontrados principalmente nos brotos de feijão.

Estrogênico — que tem uma ação semelhante à do estrogênio.

Estrogênio — o termo coletivo para três hormônios femininos: estradiol, estriol e estrona. Produzidos principalmente pelos ovários, mas também pelas glândulas adrenais e células de gordura.

Fitoestrogênios — hormônios das plantas a partir dos quais o corpo produz substâncias que têm um efeito semelhante ao do estrogênio no corpo.

Fitonutrientes — como acima.

Fitoquímicos — substâncias químicas que ocorrem naturalmente nas plantas. Acredita-se que sejam benéficas à saúde.

FSH — sigla do inglês para o hormônio foliculoestimulante, que é produzido pela glândula pituitária e aciona o amadurecimento dos folículos no ovário. Isso, por sua vez, estimula os ovários a produzir o estrogênio.

GABA — sigla do inglês para ácido gama-aminobutírico, um aminoácido que age como um mensageiro químico no cérebro, medula espinhal, coração, pulmões e rins, avisando ao corpo para desacelerar e diminuir o ritmo.

GI — sigla do inglês para índice glicêmico e que significa uma classificação dos alimentos de acordo com o efeito que têm sobre os níveis de açúcar no sangue.

Hormônios — substâncias químicas produzidas pelo sistema endócrino que levam mensagens para vários órgãos do corpo. Também chamados de "mensageiros químicos do corpo".

Isoflavonas — estrogênio das plantas, encontrados principalmente na soja e outros legumes.

Libido — impulso sexual.

Lignanas — estrogênios das plantas encontrados em cereais, frutas, legumes, verduras e sementes.

Melatonina — hormônio produzido pela glândula pineal no cérebro, que regula o sono.

Metabolismo — processos físicos e químicos pelos quais as substâncias são transformadas em energia ou produzidas para uso no corpo.

Prebióticos — amidos naturais não digeríveis que alimentam e encorajam o crescimento de boas bactérias existentes nos intestinos.

Precursor — uma substância usada pelo corpo para produzir outra substância.

Probióticos — significa literalmente "pela vida". São bactérias benéficas encontradas em alimentos tais como o iogurte natural. Acredita-se que auxiliem na digestão e estimulem o sistema imunológico.

Progesterona — significa literalmente "para a gestação". Hormônio feminino envolvido na preparação do útero para a gravidez.

Radicais livres — substâncias produzidas pelas reações químicas normais no corpo e vinculadas ao dano celular.

Receptor — uma célula especializada que responde ao estímulo sensorial. Por exemplo, os receptores da pele respondem ao toque e à pressão. Também uma estrutura encontrada dentro de uma célula que se prende a um hormônio ou a outra substância química.

Selênio — mineral essencial ao corpo.

Serotonina — uma substância química envolvida em várias funções corporais, inclusive humor, apetite, sono e percepção sensorial.

Triglicérides — gorduras produzidas no fígado por alimentos ingeridos e por gordura interna, seja para produzir energia, seja para armazená-la.

Triptofano — aminoácido usado pelo corpo para fazer a serotonina, que melhora o humor.

50 coisas que você pode fazer para conviver com a menopausa
foi impresso em São Paulo/SP pela RR Donnelley,
para a Editora Lafonte em abril de 2011.